스마트한 대학생활

송희원 · 정미선

창지사

머리말

언제부터인가 대학에서는 학생들의 역량개발 교육을 숙명처럼 받아들이고 있다. 과거의 대학 교육은 지식 습득이 주된 목표였지만, 역량기반 교육의 시대가 도래하면서 지식 자체 보다는 복잡한 사회에서 학생들이 자신의 삶을 영위할 수 있는 능력을 길러주는 것이 목표가 되고 있다. 따라서 대학은 단순히 교육 기관의 한 형태가 아니라 학생들이 자신의 역량을 개발하여 미래 사회로 진출을 할 수 있도록 도와주는 청지기의 역할을 해야 한다. 하지만 대학생은 중·고등학교 시절과 너무 다른 학사제도에 준비가 되어 있지 않은 채, 자신에 대한 이해가 부족한 상태에서 대학으로 진학을 하면서 대학 생활을 중도에 포기하거나 재미없는 4년간의 생활로 허송의 시간을 보내는 경우가 있다. 심지어는 대학을 졸업하고도 내가 어떤 사람인지, 내가 어떤 것을 잘 할 수 있는 역량이 있는지, 어떻게 공부하는지 방법을 모르는 학생들도 있다.

오랜 시간 학생들을 만나본 결과 신입생들의 고민은 "어떻게 대학생활을 해야 할지 모르겠다", "지금까지 공부했던 내용이나 방법이 대학 공부와는 달라 다소 어렵다", "내가 결정한 전공이 나의 직업으로 적합한지, 또 어떻게 진로를 변경해야 할지" 등 이었다. 이러한 문제에 당면하여 많은 대학에서는 대학생활 설계나 진로탐색과 관련된 수업을 개설하여 학생들에게 도움을 주고 있다. 대학 신입생 때 이러한 어려움을 누군가가 안내하고 멘토의 역할을 해준다면 시행착오의 시간을 보내지 않고 더 효율적이고 재미있게 미래를 설계할 수 있을 것이다. 이 책은 새내기 대학생들이 스마트한 대학생활을 할 수 있도록 도와주고 싶다는 마음에서 시작되었다.

이 책은 대학생활의 중요한 요소인 대학의 학습과 진로담색을 중심으로 학습자가 자신의 학습과 진로를 탐색하고 관리할 수 있는 다양한 방법과 기술을 포함시켰고, 학습자 스스로가 직접 실천해 볼 수 있는 워크북 형식으로 제작하였다. 크게 세 개의 Part(대학생활과 자기이해, 대학에서의 자기주도적 학습, 진로탐색과 미래설계)로 구성되어 있다. Part 1은 대학생활에 초점을 두어 대학생으로서의 의미, 우리대학의 탐색, 자기이해를 제시함으로써 향후 학습자가 스스로 자신의 대학생활을 통제하고 관리할 수 있는 다양한 방법을 제공하였다. Part 2는 대학생의 자기주도적 학습에 초점을 두고, 자신의 학습스타일, 학습전략, 학습동기, 시간관리, 교재이해, 기억력, 창의력 등을 확인하고 개발할 수 있는 방법을 제시하였으며, 또한 이것을 실제로 연습할 수 있도록 구성하였다. Part 3는 진로탐색과 미래설계 과정에 초점을 두어 다양한 직업의 탐색, 4차 산업혁명과 직업, 진로설계와 진로장벽 그리고 전공 분야에서 자신의 진로를 찾고 의사결정을 하는 과정으로 구성하였다. 종합하면 이 책의 내용은 대학에서 학습하고 있는 학생들, 특히 신입생들이 스마트하게 대학생활을 할 수 있는 필수 전략들을 포함하고 있다고 할 수 있다. 자신에 대한 이해를 기반으로 장점과 단점을 분석하고 개발할 수 있는 방법들을 연습하고 이것을 정리하여 자신만의 포트폴리오로 만들어 지속적으로 자신을 점검하고 개발할 수 있는 자료로 활용할 수 있을 것이다.

저자들의 오랜 연구와 교육적 경험을 통해 실제 적용해 본 전략들 중에서 효과가 검증된 내용을 중심으로 구성하였으며, 전체 장을 대학의 한 학기 수업으로 활용할 수 있도록 하였다. 따라서 대학생의 학습능력을 향상시키고 진로결정을 통하여 성공적인 대학생활을 할 수 있도록 도와주고자 개설된 강좌에 이 책을 활용할 수 있을 것이다. 이 책이 대학생들의 자기조절 학습능력 개발과 진로탐색 및 결정에 도움이 되어 스마트한 대학생이 될 수 있으면 좋겠다는 소망을 가진다. 마지막으로 집필진의 원고가 책으로 출판될 수 있도록 많은 노력을 기울여 주신 창지사 여러 관계자 분들에게 진심으로 감사의 인사를 드린다.

2023년 2월
삼락동에서 저자 일동

목차

PART 01

대학생활과 자기이해

CHAPTER

01 대학생활

드디어, 대학생이 되었다. 고등학교까지의 생활과는 전혀 다른 새로운 환경에 들어선 것이다. 갑갑한 교복을 입지 않아도 되고 등교와 하교의 시간이 정해진 것도 아니다. 등급으로 나뉘던 지난 12년간의 국어, 영어, 수학 등의 지루한 교과목도 없고, 내가 듣고 싶은 수업만 선택해서 들을 수 있을 것만 같다. 그동안 부모님의 적잖은 간섭과 미성년자로서의 행동의 제한도 이제 대학생이라는 신분 변화로 대부분 해소되는 것 같다. 긴 시간 원하는 학교와 학과에 진학하기 위해 전력질주를 한 결과 대학교라는 새로운 세계로 한발 내딛게 되었다. 물론 원하는 대학이나 전공이 아닐 수 있으며, 지난 시절에 대한 아쉬움이 있을 수도 있다. 그러나 언제까지 과거에 연연하며 멈추어 있을 수 없다. 대학생이라는 새로운 신분으로 새로운 환경에 적응하며 새롭게 시작할 시간이다.

1. 대학의 의미

대학(university)은 라틴어로 '모두' 혹은 '전체'를 뜻하는 'universitas(유니버시타)'에서 유래한 단어로, universitas는 중세 도시에서 형성된 다양한 종류의 인적 결사체 또는 모든 형태의 길드(guild) 등을 일컫는 용어이다. 서구 대학의 역사는 중세시대까지 거슬러 올라가는데, 세계 최초의 대학은 1088년 신성 로마 제국 시대에 세워진 이탈리아의 볼로냐 대학교(Università di Bologna)이다. 중세시대의 대학은 지금처럼 최고 권위의 연구와 교육기관일 뿐만 아니라 하나의 자치단체였다. 즉 배우고자 하는 사람들이 모인 조합 형태의 공동체라 할 수 있다. 이러한 맥락에서 대학은 다양한 생각을 갖고 교수와 학생이 공동체를 형성하여 함께 토론하고 올바른 가치관을 정립하며 미래의 삶을 설계하기 위한 도약의 장이라고 할 수 있다(최화숙, 2018).

우리나라 고등교육법 제28조에서는 대학을 '인격을 도야(陶冶)하고 국가와 인류사회의 발전에 필요한 심오한 학술이론과 그 응용방법을 가르치고 연구하며 국가와 인류사회에 이바지함을 목적으로 하는 고등교육기관'이라고 명시하고 있다. 대학은 학생들에게 특정한 학문에 대한 전문적인 지식을 제공하며 이러한 지식을 기반으로 학생들이 사회에 기여할 수 있는 인재가 되도록 역량을 키워주는 곳이다. 학생들은 대학교육을 통해서 사회의 문제나 잘못된 사회적 시스템을 개선할 수 있는 안목을 가질 수 있다. 궁극적으로 학생들은 대학교육을 통해 자신이 관심 있는 분야를 깊이 있게 이해함과 동시에 졸업 후에 보다 더 나은 사회를 만들 수 있는 능력과 지식을 함양할 수 있다.

한국은 대학 진학률이 높은 국가로 손꼽히며, 교육열이 강한 국가로 세계에 알려져 있다. 특히 고등학교를 졸업한 후 대학에 진학하는 것을 자연스럽게 생각하는 분위기이다. 우리 사회는 대학 졸업자를 우대하는 취업 전형, 학력과 학벌에 결정적인 영향을 받는 사회시스템 등으로 인해 대학 입시를 위한 과도한 경쟁, 대학 서열화, 이로 인한 계층 간 불균형 등이 만연해 있다.

미래의 대학은 인류가 당면하고 있는 문제를 주도적으로 해결해야 하며, 새로운 지식과 기술을 개발하고 이를 사회에 제공해야 한다. 사회변화에 따라 대학교육은 변해야 하며 미래사회를 대비한 대학교육은 융·복합 분야의 확대, 인성과 기초 인문학에 대한 관심 증가, 대학 생활 전반에 대한 상담 기능 강화, 학생 선택권 강화 등을 대비해야 한다. 이러한 특징을 갖고 있는 미래사회의 대학에 적응하기 위해서는 대학생활 적응에 대한 이해가 요구된다(최화숙, 2018).

대학생활 기간은 청소년에서 성인으로의 이행을 본격적으로 준비하는 시기로서 중요한 의미를 가진다. 또한 대학에서의 학업, 대인관계 및 정서적 측면 등 생활의 전반적인 적응양식은 이후 성인기의 성공적인 적응과 기능에 많은 영향을 미친다. 이러한 관점에서 볼 때 대학생활에 직면하는 다양한 어려움들을 긍정적이고 합리적으로 해결하여 대학생활에 효과적으로 적응할 수 있도록 돕는 과정은 매우 중요한 일이라고 할 수 있다.

그렇다면 대학은 나에게 있어 어떤 의미인지 생각해보자.

나는 왜 대학에 진학했나?

나는 대학에서 무엇을 얻고 싶은가?

대학이 지향해야 하는 목표는 무엇인가?

대학 졸업 후 나는 어떤 삶을 살고 싶은가?

읽어봅시다

대학 진학 이유 1순위 '취업'… 비대면 교육은 '대체로 만족'

대학에 진학 선택한 이유는

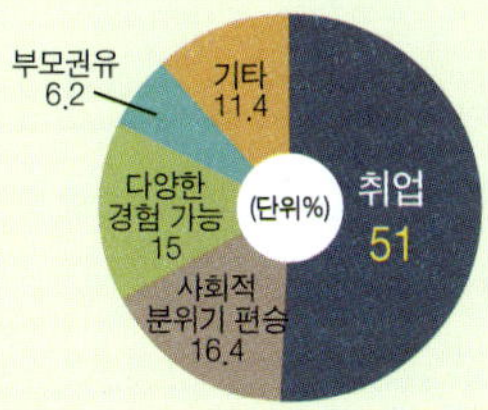

취업 시 가장 중요한 조건은(2개 응답)

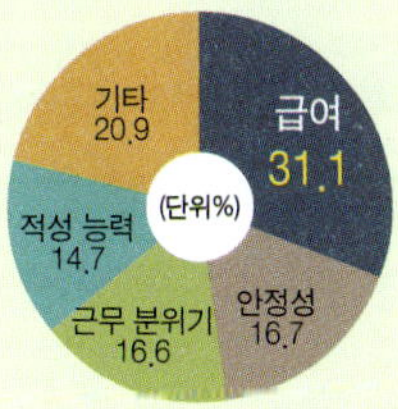

취업 시 선호하는 직업군은

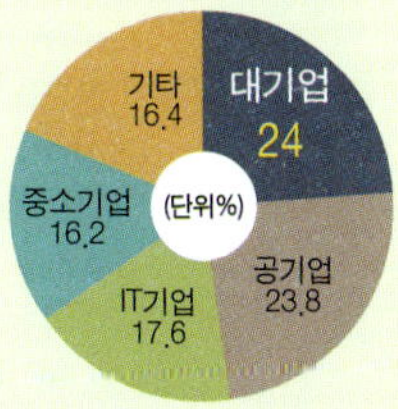

대학생들이 대학에 진학하는 이유로 가장 많이 선택한 것은 바로 '취업'이었다. 또 직업을 선택하는 조건 1순위는 '급여'로 나타났다. 좋은 직장에 다니면서 안정적인 급여를 받고 싶은 것이 2021년 우리나라 대학생들의 일반적인 인식이다. 특히 각각 1순위를 기록한 취업과 급여는 4년 연속 '대학생 의식조사'에서 부동의 1위를 지키고 있어 그만큼 대학생들 사이에서 취업과 급여는 '절대적'이었다.

지난해 11월 한 사이트가 남녀 대학생 989명을 대상으로 '행복지수&스트레스지수'를 조사한 결과 스트레스를 받는 가장 큰 이유가 취업으로 나타난 것을 보면 대학생들에게 취업이 얼마나 중요한지를 보여준다. 또한 코로나19 이후 비대면 강의 시대가 본격적으로 이뤄지고 있는 가운데 비대면 강의를 긍정적으로 평가하는 대학생들이 많았다. 다만 비대면 강의 콘텐츠의 질적 향상을 요구하는 부분에서는 대학생들의 공간대가 돋보였다. 덧붙여 대학생들은 코로나19 이후 대학 강의가 어떻게 이뤄졌으면 하는 질문에 '오프라인·온라인 강의 병행'을 가장 많이 꼽았다.

대학에 진학한 이유 대학생들은 대학에 진학한 이유로 최근 3년 연속 '취업에 유리한 조건 획득(51.0%)'을 1순위로 꼽았다. '취업에 유리한 조건 획득' 응답비율은 2018년 39.3%에서 2019년 51.8%로 대폭 상승했다. 이후 2020년에는 51.6%, 2021년 51.0%로 수치가 거의 유사하다. 대학생 2명 중 1명이 취업을 위해 대학에 진학한다고 볼 수 있다.

2순위는 '사회적 분위기에 편승(16.4%)'이 차지했다. 지난해 '다양한 경험 가능'이 2위에 올랐지만 올해 3위로 내려가면서 순위가 바뀌었다. 구체적으로 살펴보면 △취업의 유리한 조건 획득(51.0%) △사회적 분위기에 편승(16.4%) △다양한 경험 가능(15.0%) △부모의 권유(6.2%) △학문연구(5.2%) △신분 상승 기회 확보(3.8%) △인간관계 확대(1.4%) △기타(0.6%) △배우자 선택을 위한 좋은 조건 획득(0.4%) 순이었다.

직업 선택의 조건 대부분 취업을 위해 대학에 진학하는 대학생들은 직업선택에 있어 가장 중요하게 생각하는 조건은 무엇일까. 바로 '급여'다. 31.1%의 응답률로 1위를 차지했다. 급여는 4년 연속 1위에 뽑혔을 만큼 대학생들은 상당히 중요하게 생각하고 있는 것으로 드러났다.
다음으로 안정성(16.7%)이 2위를 기록했다. 직업선택 조건 1순위 급여와 2순위 안정성의 응답률을 합치면 47.8%다. 전체 응답률의 절반 가까이를 차지한다. 이어 △근무 분위기(16.6%) △적성과 능력(14.7%) △미래 성장 가능성(7.0%) △복지후생제도(6.6%) △자기개발기회부여(2.9%) △공정한 인사제도(2.5%) △인지도(1.4%) △기타(0.5%)순이었다. 지난해와 비교해 '적성과 능력'과 '근무 분위기' 순위가 서로 뒤바뀌었다.

가장 선호하는 기업군 삼성·LG 대기업 대학생들이 가장 선호하는 기업군으로는 '대기업'을 꼽았다. 공기업과는 불과 0.2%p차이였다. 네이버·카카오 등 IT기업도 뒤를 이었다. 설문 결과를 살펴보면 △삼성·LG 등 대기업(24.0%) △한전·공항공사 등 공기업(23.8%) △네이버·카카오 등 IT기업(17.6%) △기술력, 전망있는 중소기업(16.2%) △기타(7.8%) △NC소프트·넥슨 등 게임사(5.6%) △스타트업 기업(5.0%)순으로 나타났다.

참고로 비슷한 결과값을 내놓은 보고서도 있다. 지난 12일 전국경제인연합회가 공개한 '2021년 대학생 취업인식도 조사' 보고서에 따르면 취업을 희망하는 기업으로 대기업과 공기업을 선호하는 것으로 나타났고, 취업이 예상되는 기업으로는 중소기업인 것으로 조사됐다. 즉 대학생들이 선호하는 기업이 대기업과 공기업인데 반해 현실은 중소기업으로 취업을 예상하고 있었다.

------------------------ 이하 생략 ------------------------

출처 : 한국대학신문(https://news.unn.net/news/articleView.html?idxno=517314, 2021. 10. 18 기사 발췌)

2. 우리 대학에 대한 이해

대학생활에 성공적으로 적응하는데 있어 가장 중요한 것은 먼저 내가 속한 대학에 대해 잘 아는 것이다. 가끔 학생들이 자신이 속한 학과나 전공의 교육과정만 잘 이수하면 문제없이 졸업하고 취업할 수 있는 것이 아니냐고 질문하는데, 결론부터 말하자면 전혀 그렇지 않다. 대학은 자신의 전공 교과뿐만 아니라 다양한 경험을 할 수 있는 곳이며 학생들을 위해 많은 것을 준비해 놓았다. 또한 어떤 과정은 졸업을 위해서 반드시 이수해야 하기도 한다. 스마트한 대학생활을 위해 살펴보아야 할 우리 대학의 정보에는 어떤 것들이 있을까?

<table>
<tr><th colspan="2">질문</th><th>답변</th></tr>
<tr><td colspan="2">우리 대학의 교육목적</td><td></td></tr>
<tr><td colspan="2">우리 대학의 인재상</td><td></td></tr>
<tr><td colspan="2">우리 대학의 핵심역량</td><td></td></tr>
<tr><td>우리 대학의 교육과정</td><td>교양</td><td></td></tr>
</table>

<table>
<tr><td rowspan="2">우리 대학의
교육과정</td><td>전공</td><td></td></tr>
<tr><td>비교과</td><td></td></tr>
<tr><td rowspan="3">우리 대학의
졸업</td><td>졸업이수</td><td></td></tr>
<tr><td>다전공(학사제도)</td><td></td></tr>
<tr><td>인증제도</td><td></td></tr>
<tr><td colspan="2">우리 대학의 장학혜택</td><td></td></tr>
<tr><td colspan="2">우리 대학의 다양한
기관과 프로그램</td><td></td></tr>
<tr><td colspan="2">기타</td><td></td></tr>
</table>

CHAPTER 02 자기이해

1. 성격 탐색

인간은 자신이 처한 상황이나 환경을 항상 주체적, 능동적으로 지각하고 행동한다. 따라서 객관적으로는 동일한 상황에 있어도 그것에 대한 의미부여는 사람마다 다를 뿐만 아니라 그 인지에 동반하는 내적인 과정(감성, 사고, 욕구 등)도 다르고 그에 따른 행동도 다르다. 성격(personality)이란 이와 같은 인지와 행동의 과정에서 보이는 개인의 일관된 유형(type, pattern) 또는 현저하거나 지배적인 특징을 말한다.

마이어와 브릭스(Mayers & Briggs)는 개인이 타고난 성격유형을 객관적이고 과학적으로 찾아낼 수 있도록 MBTI(Mayers–Briggs Type Indicator : 성격유형검사)를 개발하였다. MBTI는 융(Jung)이 심리유형론 이론에 근거한 것으로, 현재 매우 널리 쓰이고 있는 성격유형검사의 하나이다. MBTI는 내향과 외향(E–I), 감각과 직관(S–N), 사고와 감정(T–F), 판단과 인식(J–P)의 네 가지 선호경향성을 중심으로 16가지 유형으로 나누어 설명한다.

다음의 표를 보고 자신이 어느 유형에 속하는지 알아보자.

MBTI 네 가지 선호경향

외향(E) Extroversion	에너지의 방향은 어느 쪽인가? (주의초점) ⟷	내향(I) Introversion
감각(S) Sensing	어떻게 인식하는가? (인식기능) ⟷	직관(N) iNtuition
사고(T) Thinking	어떻게 결정하는가? (판단기능) ⟷	감정(F) Feeling
판단(J) Judging	채택하는 생활양식은 무엇인가? (생활양식) ⟷	인식(P) Perceiving

MBTI 네 가지 선호경향의 대표적 표현은 다음과 같다.

외향형(Extroversion)	내향형(Introversion)
폭 넓은 대인관계를 유지하고 사교적이며 정열적이고 활동적이다. • 자기외부에 주의집중 • 말로 표현 • 외부활동과 적극성 • 경험한 다음에 이해 • 정열적, 활동적 • 쉽게 알려짐	깊이있는 대인관계를 유지하며 조용하고 신중하며 이해한 다음에 행동한다. • 자기내부에 주의집중 • 글로표현 • 내부활동과 집중력 • 이해한 다음에 경험 • 조용한, 신중한 • 서서히 알려짐
감각형(Sensing)	**직관형(iNtuition)**
오감에 의존하며 실제의 경험을 중시하고 지금, 현실에 초점을 맞추어 정확하고 철저하게 일처리 한다. • 지금, 현실에 초점 • 사실적 사건 묘사 • 실제의 경험 • 나무를 보려는 경향 • 정확하고 철저한 일처리 • 가꾸고 추수함	육감 내지 영감에 의존하며 미래 지향적이고 가능성과 의미를 추구하며 신속 비약적으로 일처리 한다. • 미래, 가능성에 초점 • 비유적, 암시적 묘사 • 아이디어 • 숲을 보려는 경향 • 신속하고 비약적인 일처리 • 씨 뿌림
사고형(Thinking)	**감정형(Feeling)**
진실과 사실에 주로 관심을 갖고 논리적이고 분석적이며 객관적으로 사실을 판단한다. • 진실, 사실에 주된 관심 • 맞다, 틀리다의 판단 • 원리와 원칙 • 규범, 기준 중시 • 논리적, 분석적 • 지적 논평	사람과의 관계에 주로 관심을 갖고 주변 상황을 고려하여 판단한다. • 사람, 관계에 주된 관심 • 좋다, 나쁘다의 판단 • 의미와 영향 • 나에게 주는 의미를 중시 • 상황적, 포괄적 • 우호적 협조

판단형(Judging)	인식형(Perceiving)
분명한 목적과 방향이 있으며 기한을 엄수하고 철저히 사전에 계획하고 체계적이다. • 정리 정돈과 계획 • 의지적 추진 • 신속한 결론 • 통제와 조정 • 분명한 목적의식과 방향감각 • 뚜렷한 기준과 자기의사	목적과 방향은 변화 가능하고 상황에 따라 일정을 변경할 수 있으며 자율적이고 융통성이 있다. • 상황에 맞추는 개방성 • 이해로 수용 • 유유자적한 과정 • 융통과 적응 • 목적과 방향은 변경 가능하다는 개방성 • 재량에 따라 처리될 수 있는 포용성

MBTI 성격유형 중 나는 어느 유형에 속하는지 표시해보자.

외향(E)	( )	( )	내향(I)
감각(S)	( )	( )	직관(N)
사고(T)	( )	( )	감정(F)
판단(J)	( )	( )	인식(P)

MBTI 유형 특징

ISTJ	ISFJ	INFJ	INTJ
ISTJ **세상의 소금형** 한 번 시작한 일은 끝까지 해내는 사람들 **개발할 점** 너무 일만 열심히 하지 말기	**ISFJ** **임금 뒤편의 권력형** 성실하고 온화하며 협조를 잘하는 사람들 **개발할 점** 팀원 각자에 대해 쓸데없는 걱정을 너무 하지 않기	**INFJ** **예언자형** 사람과 관련된 뛰어난 통찰력을 가지고 있는 사람들 **개발할 점** 기분 나쁘게 속을 들여다보는 듯한 짓은 그만하기	**INTJ** **과학자형** 전체적인 부분을 조합하여 비전을 제시하는 사람들 **개발할 점** 논리도 좋지만 너무 완고한 고집은 버려 주시길
ISTP **백과사전형** 논리적이고 뛰어난 상황적응력을 가지고 있는 사람들 **개발할 점** 대수롭지 않은 일을 가지고 너무 파고들지 말기	**ISFP** **성인군자형** 따뜻한 감성을 가지고 있는 겸손한 사람들 **개발할 점** 객관적인 관점을 가지고 냉정하게 업무를 바라보기	**INFP** **잔다르크형** 이상적인 세상을 만들어가는 사람들 **개발할 점** 마음의 상처에 너무 민감하지 않기	**INTP** **아이디어뱅크형** 비평적인 관점을 가지고 있는 뛰어난 전략가들 **개발할 점** 이론만 가지고 일을 하는 것은 아니니까
ESTP **수완 좋은 활동가형** 친구, 운동, 음식 등 다양한 활동을 선호하는 사람들 **개발할 점** 주어진 상황에 적극적인 관심 나타내기	**ESFP** **사교적인 유형** 분위기를 고조시키는 우호적인 사람들 **개발할 점** 분위기도 좋고 노는 것도 좋지만 일도 좀 합시다	**ENFP** **스파크형** 현실적으로 새로운 관계를 만드는 사람들 **개발할 점** 이랬다 저랬다 하지 말고 꾸준히 일관성 유지하기	**ENTP** **발명가형** 풍부한 상상력을 가지고 새로운 것에 도전하는 사람들 **개발할 점** 매일 새로운 생각만 하다가 결과는 언제?
ESTJ **사업가형** 사무적, 실용적, 현실적으로 일을 많이 하는 사람들 **개발할 점** 너무 밀어붙이기만 하지 말기	**ESFJ** **친선도모형** 친절과 현실감을 바탕으로 타인에게 봉사하는 사람들 **개발할 점** 일을 위해 사람 사귀는 것도 중요하지만 일 먼저	**ENFJ** **언변능숙형** 타인의 성장을 도모하고 협동하는 사람들 **개발할 점** 의견도 좋고 필요한 이야기겠지만 말 좀 그만	**ENTJ** **지도자형** 비전을 가지고 사람들을 활력적으로 이끌어 가는 사람들 **개발할 점** 대장노릇을 하고 싶겠지만 좀 자제해 주기를

출처 : MBTI 프로그램 지도자 안내서. 어세스타.

tip

MBTI 검사는 각 대학의 상담센터에서 무료로 검사 가능하며, 온라인 검사기관(www.assesta.com)을 방문하면 유료로도 가능하다. 자신의 성격에 대한 깊은 이해와 해석이 필요하다면 검증된 기관에서 검사를 받아보도록 하자.

2. 흥미 탐색

자신이 좋아하는 일을 직업으로 가지고 그 일에 재미를 느끼며 더불어 돈도 번다면 굉장히 행복한 일 중에 하나일 것이다. 자신이 하고 있는 일에서 재미를 느끼는 사람일수록 직업에 대한 만족도가 높은 경우가 많은데, 좋아하는 일은 흥미와 관련이 있다. 흥미란 어떤 종류의 활동 또는 사물에 대해 특별한 관심이나 주의를 가지게 하는 개인의 행동경향으로, 성장하면서 변화한다. 구체적인 것에서 추상적인 것으로, 수동적인 것에서 능동적인 것으로, 단편적인 것에서 종합적인 것으로, 미분화에서 분화의 형태로 변화하게 된다(조명실, 2018).

흥미와 관련한 검사로는 홀랜드(Holland)가 제시한 직업흥미검사가 있다. 홀랜드는 직업선택이 곧 성격의 표현이라고 주장하면서 여섯 가지의 성격유형과 그에 적합한 여섯 가지 직업 환경을 제안하였다. 홀랜드 이론은 다음의 네 가지 가정에 기초한다.

1 대부분의 사람들은 여섯 가지 성격유형 즉, 실재형(현실형 : Realistic), 탐구형(Investigative), 예술형(Artistic), 사회형(Social), 진취형(Enterprising), 관습형(Conventional)으로 설명할 수 있으며, 각각의 성격유형은 환경에 직면했을 때 문제를 대하는 태도나 기술은 물론 직업 활동과 여가활동에 대한 선호, 삶의 목표, 가치 등에서도 일련의 특징을 나타낸다. 한 사람이 한 유형에 고정되어 있는 것은 아니며 모든 사람은 여섯 가지 유형이 서로 연관된 관심을 가지고 있는데, 단지 선호도의 순서가 다르다는 것이다.

2 직업환경도 여섯 가지 성격유형과 마찬가지로 실재형(현실형), 탐구형, 예술형, 사회형, 진취형, 관습형으로 분류된다. 이러한 환경유형은 개인이 그 직업에서 일하는 방식에 따라 결정된다.

3 사람들은 자신의 능력과 기술을 발휘하고 태도와 가치를 표현하며 자신에게 맞는 역량을 수행할 수 있는 환경을 찾는다.

4 개인의 행동은 성격과 환경의 상호작용에 따라 결정된다. 개인의 성격유형과 적합한 직업환경 유형을 알면, 직업선택, 근속기간, 직업전환, 직무만족 등과 같은 결과를 예측할 수 있다.

홀랜드 이론의 네 가지 가정을 전제로 자신의 흥미유형을 탐색하고 그에 맞는 직업환경을 선택하는 것을 추천한다. 여섯 가지 홀랜드 유형의 주요 내용은 다음과 같다.

직업적 성격유형	성격 특징	주요 내용	대표적인 직업
실재형(R)	남성적, 솔직, 성실, 검소, 지구력, 말이 적고 고집이 있음, 직선적, 단순	운동능력이나 기계적인 능력을 가진 사람들로 물건, 도구, 기계, 동식물과 함께 옥외에서 일하는 것을 더 좋아한다.	기술자, 조종사, 경찰관, 엔지니어, 직업군인, 프로운동선수, 공학자, 조경사, 경호원 등
탐구형(I)	논리적, 분석적, 합리적, 정확성, 비판적, 신중성	관찰하기, 배우기, 탐구하기, 분석하기, 평가하기, 문제풀기를 좋아한다.	과학자, 의사, 대학교수, 수학자, 심리학자, 천문학자, 약사, 의료기술자 등
예술형(A)	상상력, 감수성, 자유분방, 개방적, 독창적	예술적, 개혁적, 직관적 능력을 가진 사람들로 구조화되지 않은 상황에서 일하기를 좋아하며 상상력과 창의력을 지니고 있다.	건축설계사, 리포터, 만화가, 배우, 사진작가, 작가, 다자이너, 유튜브 크리에이터 등
사회형(S)	친절, 이해심, 봉사적, 상징적, 이상주의적	사람들과 함께 일하기를 좋아하고 정보를 교환하며, 다른 사람을 가르치고 도와주기를 좋아하며, 교육, 훈련 및 돌보는 일을 잘하고 언어능력이 뛰어나다.	간호사, 상담교사, 물리치료사, 유치원교사, 사회복지사, 진로상담가, 호스피스 등

진취형(E)	지배적, 통솔력, 지도력, 말을 잘함, 설득적, 외향적, 낙관적	조직의 목표와 경제적인 이득을 위해 설득하고 영향력을 행사하며 일을 수행하고, 지도력이 있으며 경영을 잘한다.	기업 경영인, 정치가, TV 아나운서, 변호사, 세일즈맨 등
관습형(C)	정확성, 조심성, 세밀, 계획성, 책임감	자료를 가지고 일하기를 좋아하는 사람들로 경리 능력이 있고 지시에 따라 일을 처리하며 세밀한 일 처리를 잘한다.	공인회계사, 비서, 사무관리자, 재무분석가, 은행원, 안전관리사 등

출처 : 정선영(2014), 황매향 외(2022).

나의 성격유형은 어떠한지 아래 검사를 통해 알아보자, 각 항목에서 자신에게 해당되는 것에 ✓표를 하고 유형별로 합계를 적어보자.

성격유형							
유형	특징	평가	합계	유형	특징	평가	합계
실재형	솔직하다.			사회형	사람들을 좋아한다.		
	지구력이 있다.				이해심이 많다.		
	말이 적으며 고집이 세다.				부탁을 거절하지 못한다.		
	성실하다.				봉사적이다.		
탐구형	탐구심이 많다.			기업형	지도력이 있다.		
	분석적이다.				경쟁적이다.		
	지적 호기심이 많다.				외향적이다.		
	내성적이다.				열성적이다.		
예술형	상상력이 풍부하다.			관습형	빈틈이 없다.		
	감수성이 강하다.				계획성이 있다.		
	예민하고 까다롭다.				변화를 좋아하지 않는다.		
	자유분방하다.				책임감이 강하다.		

출처 : 오금향 외(2012).

나의 직업적 성격유형은 어떠한지 아래 검사를 통해 알아보자, 각 항목에서 자신이 하고 싶은 일에 ✓표를 하고 유형별로 합계를 적어보자.

직업적 성격유형							
유형	특징	평가	합계	유형	특징	평가	합계
실재형	사람보다는 물건이나 기계를 잘 다룬다.			사회형	다른 사람의 교육, 건강, 복지를 개선하는 직업을 갖는다.		
	손으로 물건을 만드는 직업을 갖는다.				아이디어나 사물보다는 사람들 주로 다루는 일을 한다.		
	기술자로서의 특기나 재능을 발휘할 수 있는 직업을 갖는다.				단합심이 강한 집단의 일원이 되는 직업을 갖는다.		
	기계, 연장 또는 다른 장비를 가지고 일하는 직업을 갖는다.				사람들을 사귀면서 일할 수 있는 직업을 갖는다.		
탐구형	특정 학문 분야에서 권위자가 되는 직업을 갖는다.			기업형	명예, 직위, 상여금 등을 얻고자 동료들과 경쟁할 수 있는 직업을 갖는다.		
	오랜 전문 교육을 받아 얻을 수 있는 직업을 갖는다.				다른 사람을 관리, 지휘할 수 있는 직업을 갖는다.		
	새로운 것을 창출해 내는 일에 몰두할 수 있는 직업을 갖는다.				도전, 모험, 경쟁과 그 만큼의 보상이 따르는 직업을 갖는다.		
	인류의 문제를 해결하기 위해 연구하는 직업을 갖는다.				높은 지위를 얻을 가능성이 있는 직업을 갖는다.		
예술형	어떤 새로운 것을 계속해서 창조할 수 있는 있는 직업을 갖는다.			관습형	안정, 편안함이 강조되는 일을 한다.		
	창의적 재능을 마음껏 표현할 수 있는 직업을 갖는다.				정해진 관례에 따라 일을 처리해야 하는 직업을 갖는다.		
	자신의 예술적 재능을 발휘할 수 있는 직업을 갖는다.				깨끗하고 조명이 잘 되어있는 곳에서 일을 한다.		
	세상의 조화와 아름다움을 제공할 수 있는 직업을 갖는다.				일이 매우 조직적으로 잘 되고, 사무적으로 처리해야 하는 일을 주로 한다.		

출처 : 오금향 외(2012).

3. 욕구 탐색

어떤 것을 하고자 하는 동기는 인간이 가진 욕구에서 비롯된다. 욕구는 '생리적 혹은 심리적 요구이며, 어떤 사람을 목표를 향해 움직이도록 동기화하는 일종의 결핍상태'이다. 따라서 욕구는 어떤 것을 충족시키고자 하는 우리의 삶의 원동력이며 에너지를 집중시킬 목표, 목적, 의미를 제공한다.

1) 매슬로우의 욕구위계

인본주의 심리학자인 매슬로우(Maslow)는 인간의 내부에 잠재하고 있는 욕구는 상대적 중요도에 따라 가장 기본적인 욕구인 생리적 욕구에서부터 가장 고차원적인 자기실현의 욕구까지 피라미드 구조로 이루어져 있다고 하였다.

아래의 그림은 매슬로우의 욕구위계이다.

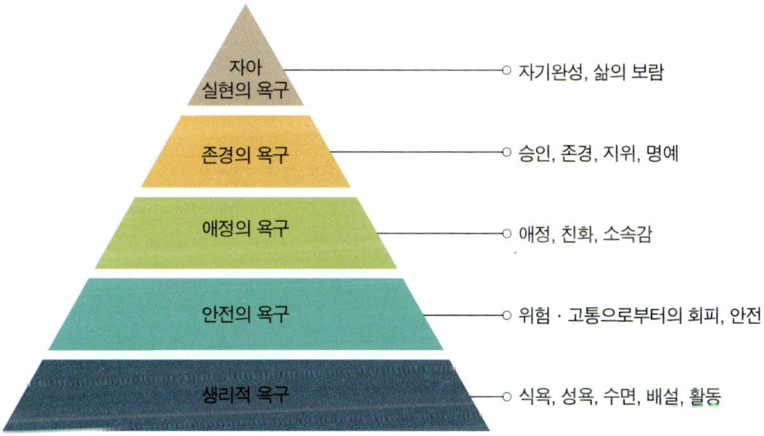

① 생리적 욕구

생리적 욕구는 배고픔, 음식, 갈증, 수면, 배설과 같은 생명유지를 위한 의식주와 성적 욕구로 가장 기본적인 욕구이다.

② 안전의 욕구

위험, 위협, 박탈을 회피하고 안전, 질서, 보호 등을 추구하는 욕구이다. 사회의 법, 질서, 권위에 위협을 받거나 전쟁과 지진 같은 자연재해 상황, 사회조직 해체 등이 발생할 때 나타난다.

③ 애정의 욕구

타인과 애정관계를 맺으려고 하거나 어떤 집단에서 소속감을 가지려고 하는 욕구로, 친구나 연인, 동료들과의 친밀한 관계나 특정 집안 안에서 형성된 사회적 관계를 통해 나타난다.

④ 존경의 욕구

타인으로부터 인정과 존경을 받고자 하는 욕구로, 이 욕구가 충족되면 자신감, 유용감 등을 가지게 되고, 충족되지 못하면 열등감, 무력감, 허탈감에 빠지게 된다.

⑤ 자아실현의 욕구

계속적인 자기 발전을 위해 자신의 잠재력을 발휘하고자 하는 욕구이다.

2) 글래서의 기본 욕구

현실치료의 창시자인 글래서(Glasser)는 모든 문제의 원인은 욕구에서 기인하며, 인간은 누구나 자신의 욕구를 달성하기 원한다고 하였다. 즉, 자신의 욕구가 좌절될 때, 마음의 병이 생기고 대인관계에서도 문제가 생기는 것이다. 글래서에 따르면 인간은 기본적으로 다섯 가지의 욕구를 지니고 있으며, 사람마다 강도는 다르며, 매 순간의 행동은 욕구충족을 위한 선택의 결과이다.

글래서의 다섯 가지 기본 욕구와 그 특징은 다음과 같다.

기본 욕구	욕구의 특징
사랑과 소속의 욕구	가정, 학교, 직장, 사회에 소속되어 다른 사람과 관계를 유지하면서 사랑을 주고받고자 하는 속성(사랑, 돌봄, 우정, 관심, 참여 , 사회집단, 동료애 등)
힘과 성취의 욕구	자신의 삶을 효과적으로 통제하고 능력과 성취를 중요시하며, 타인에게서 자신이 중요한 존재로 인정받고 싶어 하는 속성(성취감, 존중, 명성, 능력 등)
즐거움의 욕구	새로운 것을 배우고 놀이를 통해 즐기고자 하는 속성(흥미, 기쁨, 배움의 즐거움 등)
자유의 욕구	내적인 자유와 자신의 의지에 따라 선택하고자 하는 속성(선택, 독립, 자율성, 자유로운 이동, 종교활동 등)
생존에 대한 욕구	건강하게 생존하기 위해 생리적 기능을 수행하고 생식을 통해 자기확장을 하고자 하는 속성(호흡, 소화, 건강유시, 안선 등)

글래서의 다섯 가지 기본 욕구를 기반으로 나의 욕구를 점검해보자. 각 문항을 읽고 '전혀 그렇지 않다'면 1점, '별로 그렇지 않다'면 2점, '대체로 그렇다'면 3점, '자주 그렇다'면 4점, '언제나 그렇다'면 5점을 부여하고 각 욕구의 평균(점수의 합/10)을 적어보자.

욕구	문항	전혀	별로	때때로	자주	언제나	평균
사랑과 소속의 욕구	1. 나는 사랑과 친근감을 많이 필요로 한다.	1	2	3	4	5	
	2. 다른 사람의 복지에 관심이 많다.	1	2	3	4	5	
	3. 타인을 위한 일에 시간을 낸다.	1	2	3	4	5	
	4. 장거리 여행 때 옆자리 사람에게 말을 건다.	1	2	3	4	5	
	5. 사람들과 함께 있는 것을 좋아한다.	1	2	3	4	5	
	6. 아는 사람과는 가깝고 친밀하게 지낸다.	1	2	3	4	5	
	7. 애인(배우자)이 내게 관심을 가져주기를 바란다.	1	2	3	4	5	
	8. 다른 사람이 나를 좋아해 주기를 바란다.	1	2	3	4	5	
	9. 다른 사람에게 친절하게 대한다.	1	2	3	4	5	
	10. 애인(배우자)가 나의 모든 것을 좋아해주기를 바란다.	1	2	3	4	5	

힘과 성취의 욕구	1. 내가 하는 집안일이나 직업에 대해 사람들에게 인정받고 싶다.	1	2	3	4	5
	2. 다른 사람에게 충고나 조언을 잘한다.	1	2	3	4	5
	3. 다른 사람에게 무엇을 하라고 잘 지시하는 편이다.	1	2	3	4	5
	4. 경제적으로 남보다 잘 살고 싶다.	1	2	3	4	5
	5. 사람들에게 칭찬 듣는 것을 좋아한다.	1	2	3	4	5
	6. 내 밑에서 일하는 사람에게 문제가 생겼을 때 쉽게 해고한다(해고할 수 있을 것 같다).	1	2	3	4	5
	7. 자기 분야에서 탁월한 사람이 되고 싶다.	1	2	3	4	5
	8. 어떤 집단에서든 지도자가 되고 싶다.	1	2	3	4	5
	9. 스스로를 가치 있는 인간이라고 느낀다.	1	2	3	4	5
	10. 나의 성취와 재능을 자랑스럽게 여긴다.	1	2	3	4	5
즐거움의 욕구	1. 큰 소리로 잘 웃는다.	1	2	3	4	5
	2. 유머를 사용하거나 듣는 것이 즐겁다.	1	2	3	4	5
	3. 나 자신에 대해서 웃을 때가 있다.	1	2	3	4	5
	4. 뭐든지 유익하고 새로운 것을 배우는 것이 즐겁다.	1	2	3	4	5
	5. 흥미 있는 게임이나 놀이를 좋아한다.	1	2	3	4	5
	6. 여행을 좋아한다.	1	2	3	4	5
	7. 독서를 좋아한다.	1	2	3	4	5
	8. 영화 감상을 좋아한다.	1	2	3	4	5
	9. 음악 감상을 좋아한다.	1	2	3	4	5
	10. 새로운 방식으로 일하거나 생각해보는 것이 즐겁다.	1	2	3	4	5
자유의 욕구	1. 다른 사람이 내게 어떻게 하라고 지시하는 것이 싫다.	1	2	3	4	5
	2. 내가 원하지 않는 일을 하라고 하면 참기 어렵다.	1	2	3	4	5
	3. 다른 사람에게 어떻게 살아야 한다고 강요하면 안 된다고 믿는다.	1	2	3	4	5

자유의 욕구	4. 누구나 다 인생을 살고 싶은 대로 살 권리가 있다고 믿는다.	1	2	3	4	5
	5. 인간의 자유로운 선택 능력을 믿는다.	1	2	3	4	5
	6. 하고 싶은 일을 하고 싶을 때 하고 싶다.	1	2	3	4	5
	7. 누가 뭐라고 해도 내 방식대로 살고 싶다.	1	2	3	4	5
	8. 인간은 모두 자유롭다고 믿는다.	1	2	3	4	5
	9. 애인(배우자)의 자유를 구속하고 싶은 생각이 없다.	1	2	3	4	5
	10. 나는 열린 마음을 지니고 있다고 믿는다.	1	2	3	4	5
생존의 욕구	1. 돈으로 살 수 있는 것에 각별한 만족을 느낀다.	1	2	3	4	5
	2. 돈이나 물건을 절약한다.	1	2	3	4	5
	3. 자신의 건강 유지에 관심이 있다.	1	2	3	4	5
	4. 균형 잡힌 식생활을 하려고 노력한다.	1	2	3	4	5
	5. 성적인 것에 관심이 많다.	1	2	3	4	5
	6. 매사에 보수적인 편이다.	1	2	3	4	5
	7. 안정된 미래를 위해 저축하거나 투자한다.	1	2	3	4	5
	8. 부득이한 경우가 아니면 모험을 피하고 싶다.	1	2	3	4	5
	9. 쓸 수 있는 물건은 버리지 않고 간직한다.	1	2	3	4	5
	10. 외모를 단정하게 가꾸는데 관심이 있다.	1	2	3	4	5

출처 : 정선영(2014).

나의 가장 높은 욕구와 낮은 욕구는 무엇인가?

가장 높은 욕구	가장 낮은 욕구

4. 스트레스

스트레스란 적응의 과정에서 불가피하게 경험하는 심리적 현상이다. 유해한 환경 자극에 대한 인간의 방어적 반응, 즉 긴장 상태를 스트레스라고 할 수 있다. 모든 사람이 똑같이 스트레스를 느끼고 받아들이는 것은 아니다. 스트레스란 어떤 일에 대해 그 상황을 받아들이는 개인의 생각과 체감에 따라 많은 차이가 날 수 있다. 스트레스는 모두 나쁜 것이 아니고 적절한 스트레스는 일이나 공부를 더 열심히 할 수 있는 자극이 될 수 있다.

1) 나의 스트레스

과도한 스트레스는 신체적·정신적 질병을 일으키기 때문에 적절한 스트레스를 관리하고 적응하는 것이 중요하다. 스트레스는 일반적으로 생활변화와 관련되어 있는데 나의 생활변화 사건을 체크해 보자.

생활변화사건	생활 변화처	생활변화사건	생활변화처
가까운 가족의 사망	100	뛰어난 개인적 성취	25
수감	80	학점 취득의 실패	25
대학의 첫해나 마지막 해	63	시험	20
임신	60	데이트의 증가나 감소	20
심각한 개인적 질병 혹은 부상	53	공부조건의 변화	20
결혼	50	전공에서의 변화	20
인간관계 문제	45	수면습관에서의 변화	18
경제적 어려움	40	며칠간의 휴강	15
가까운 친구의 죽음	40	식사습관의 변화	15
룸메이트와의 전쟁	40	가족과의 재회	15

가족과의 의견 불일치	40	여가활동의 변화	15
개인적 습관에서의 변화	30	가벼운 질병이나 부상	15
환경의 변화	30	가벼운 법률위반	11
직업의 시작 또는 끝냄	30		
선배나 교수와의 문제	25		

출처 : 이제창 외(1998).

앞의 해당 척도의 표를 보고 지난 6개월 동안 나에게 일어난 사건들을 각각에 체크하고 그것에 해당되는 점수들을 더해 보자.

점수 해석
• 100점 이하 : 현재 내가 직면하고 있는 변화의 양은 높지 않다. 최근의 생활사건 변화로 특별한 긴장을 느끼지 않고 있다는 것이다.
• 101~250점 : 이 범위 내에서 높은 점수를 받으면 받을수록 높은 압력을 경험한 것이다. 점수가 250에 가까우면 심각한 변화를 겪은 것이다.
• 251점이상 : 지난 6개월 동안에 생활에 큰 변화를 경험하였다. 이런 경우는 다른 생활의 변화를 줄이거나 없애는 것이 좋다.

생활변화 스트레스 척도표에 나타난 것 이외에 삶의 변화를 경험한 생활사건을 적고 팀원들과 서로 이야기해 보자.

변화	내용

나는 지금 어느 정도의 스트레스를 받고 있는지 점검해 보자.

	문항	전혀 그렇지 않다	약간 그렇다	대체로 그렇다	매우 그렇다
1	쉽게 짜증이 나고 기분의 변동이 심하다.	0	1	2	3
2	피부가 거칠고 각종 피부질환이 심해졌다.	0	1	2	3
3	온몸의 근육이 긴장되고 여기저기 쑤신다.	0	1	2	3
4	잠을 잘 못 자거나 깊은 잠을 못 자고 자주 깬다.	0	1	2	3
5	매사에 집중이 잘 안되고 일의 능률이 떨어진다.	0	1	2	3
6	별다른 이유없이 불안 초초하다.	0	1	2	3
7	쉽게 피로감을 느낀다.	0	1	2	3
8	매사에 집중이 잘 안 되고 일의 능률이 떨어진다.	0	1	2	3
9	식욕이 없어 잘 안 먹거나 갑자기 폭식을 한다.	0	1	2	3
10	기억력이 나빠져 잘 잊어버린다.	0	1	2	3
	총점				

점수 해석
• 0~5점 : 거의 스트레스를 받고 있지 않음
• 6~10점 : 약간 스트레스를 받고 있음
• 11~15점 : 비교적 스트레스가 심한 편이므로 스트레스를 줄이기 위한 대책이 필요함
• 16~20점 : 심한 스트레스를 받고 있으므로 신체상태에 대한 정기적인 검진과 더불어 스트레스를 줄이기 위한 적극적인 대책이 필요함
• 21점 이상 : 매우 심한 스트레스를 받고 있으므로 당장 전문의를 찾아야 함

출처 : 양창삼(2005).

2) 스트레스 관리

가. 충분히 잠을 자기

수면이 부족하면 기억, 집중, 계산력이 떨어져 깨어 있을 때 배운 내용을 이해하더라도 그것을 기억하지 못한다. 밤 12시 사이에서 새벽 5시 사이가 최적의 수면시간이다. 통상적으로 성인의 적절한 수면시간은 7시간이다.

- 지난 1주일간 잠을 잤던 시간을 확인해 보자.

월	화	수	목	금	토	일	합

- 잠을 충분히 자지 못한 이유는 무엇일까?

나. 많이 웃기

유머와 웃음 만큼 효과있는 스트레스 해소 방법은 없다. 웃음은 스트레스 수준을 넘어 무력증을 예방해 준다. 사기를 높여 주어 15%의 학습능률을 40%까지 높여준다. 웃음은 실증을 없애주고 창의력을 증대시킨다.

- 그렇다면 나는 얼마나 웃고 있는가? 지금부터 팀원들과 함께 서로 웃을 수 있는 이야기를 나누어 보자.

다. 충분히 몸을 움직이기

몸을 충분히 움직이면 머리가 맑아지고 스트레스와 불안이 감소하며 자아 존중감과 집중력이 향상된다.

- 운동은 주 3~4회, 하루에 20분 이상 30~60분 움직이기
- 쉬는 시간이나 빈 시간에 숨을 들이마시면서 얼굴, 목, 어때 , 팔에 힘주기
- 복식호흡
- 리듬에 따라 움직이기

	몸 동작			
독해력 높이기	장딴지 근육 늘이기	발목 구부렸다 펴기	엉덩이 근육이완하기	
수학적 기능 기르기	코끼리의 동작을 흉내내어 무한대 모양그리기	장딴지 근육 늘이기	목 돌리기	상체를 쭉 늘어뜨리기
창의적 작문을 위 해서	장딴지 근육 늘이기	발목 구부렸다 펴기	하품하면서 턱관 절 누르기	
긍정적 자아개념 육성	앞이마 양쪽 누르기	양손 깍지 끼우고 가슴 앞에 모으기	귀 뒤쪽 목덜미 누르기	
긴장하지 않고 시 험 잘 치르기 위해	물 마시기	천천히 무한대 모 양 그리기	양손 깍지 끼우고 가슴 앞에 모으기	반대쪽의 팔과 다리를 함께 움직이기

컴퓨터 작업을 위해	물 마시기	양손 깍지 끼우고 가슴 앞에 모으기	목 돌리기	
주의집중력을 기르기 위해	장딴지 근육 늘이기	발목 구부렸다 펴기	귀의 말린 부분 펴기	
기억력을 높이기 위해	무한대 모양 그리기	어깨 잡고 머리 돌리기	장딴지 근육 늘이기	하품하면서 턱관절 누르기
원만한 대인관계를 유지하기 위해	장딴지 근육 늘이기	발목 구부렸다 펴기	하품하면서 턱관절 누르기	척추를 구부혔다 펴기

출처 : 김홍자(2016).

라. 충분히 먹기

- 물 마시기 : 깨끗하고 시원한 물을 마시면 에너지가 강화, 집중력이 증진-하루에 8~10잔의 물을 마시는 것을 습관화하고 생활화
- 아침식사를 거르지 말기
- 과일과 야채를 많이 먹기
- 견과류 충분히 섭취
- 튀긴 음식 줄이기

마. 적당한 휴식 취하기

- 친구와 수다떨기
- 음악 듣기
- 따뜻한 물에 몸 담그기
- 봉사활동 하기
- 노래 부르기
- 기타(   )

사. 비합리적인 신념 찾기

대학생활에서 정말로 꼭 이루고 싶은 소망 한 가지를 적는다. 예를 들어 '이번 학기 전액 장학금을 타고 싶다.' 등 소망을 적은 다음 왜 그 일을 이루어 내지 못 할것이라고 생각하는지 이유를 적어본다. 목표를 성취하는데 정말로 방해가 된다고 생각되는 사항을 적는다.

대학에서 이루고 싶은 소망

이루어 내지 못할 것이라고 생각하는 이유

성취하는데 방해 되는 것

PART 02

대학에서의 자기주도적 학습

CHAPTER 03 학습스타일과 전략

1. 나의 학습스타일

학습스타일은 학습자가 학습 과정 중, 정보를 수집하고 저장하는 동안에 나타나는 계속적인 신호 방법이나 양식을 말한다. Felder(1993)의 학습스타일 검사의 문항을 체크한 후 나의 학습스타일을 확인해보자. 학습스타일에 대한 자신의 이해는 자신이 어떤 방식으로 학습하고 있는가를 분석 하는데서 출발하여 나의 학습방법과 태도를 파악하고 전략을 찾도록 도와준다.

번호	문항	체크	유형
1	내 행동이 어떤 결과를 초래할지 깊이 생각하지 않고 곧바로 실행하는 편이다.		A형
2	새로운 경험을 좋아한다.		
3	기존의 것과 다른 새로운 것에 도전하기를 즐긴다.		
4	어떤 상황을 미리 준비하기보다는 그 상황에 직면하여 대응하기를 선호한다.		
5	토론을 할 때 나의 의견을 자발적으로 말한다.		
6	듣기보다는 말하기를 즐긴다.		
7	철저하게 준비해서 해결할 만한 충분한 시간이 주어지는 과제를 좋아한다.		B형
8	자료를 신중하게 해석해서 무작정 결론은 내리지 않도록 주의한다.		

9	토론을 할 때 내 의견을 내세우기에 앞서 다른 사람의 의견을 듣는 편이다.		B형
10	보고서를 작성할 때 완성 전에 초안이나 개요를 여러 번 써본다.		
11	토론할 때 소극적인 자세를 취한다.		
12	어떤 일을 결정할 때 모든 대안들을 신중하게 검토한다.		
13	문제를 풀 때 단계별로 차근차근 푼다.		C형
14	순간적으로 어떤 생각을 하지 못한다.		
15	토론할 때 냉정하고 객관적인 편이다.		
16	논리적인 과정을 거쳐 해답에 도달하려고 노력한다.		
17	다른 사람의 논증에서 허술한 점을 발견하려고 한다.		
18	주관적이거나 모호한 주제들을 좋아하지 않는다.		
19	새로운 아이디어나 방식을 접하면 어떻게 적용할지 생각한다.		D형
20	정해진 규정을 준수한다.		
21	가능하면 빨리 요점을 이야기하려고 한다.		
22	배운 것을 실제로 적용할 수 있는지 열심히 실험해 본다.		
23	핵심주제에서 벗어난 교수님을 좋아하지 않는다.		
24	산만하고 엉성한 토론을 싫어한다.		

출처 : 손연아 외(2007).

유형별로 체크된 문항을 합산하여 가장 많은 점수가 나온 부분이 자신의 학습스타일에 해당한다고 볼 수 있다. 다음은 각기의 학습스타일에 대한 장점과 약점을 정리해 두었다. 나의 학습스타일을 확인해 보자.

A형 적극적인 학습자	정보를 활발하게 이용해 새로운 것을 만들고 이것을 기억하려는 경향이 있다. 일련의 문제에 대해 아이디어를 내거나 토론하는 것을 좋아하고 자신의 생각을 다른 사람에게 설명하고자 하는 성향이 강하다. 따라서 수업시간에 능동적인 학습을 하지 않고 강의식 수업을 듣고 필기하는 것만으로는 수업상황을 힘들어 한다. **강점** 새로운 활동을 시도하고자 하는 적극성을 가지고 있으며 새로운 상황이나 변화에 쉽게 흔들리지 않는다. **약점** 충분한 생각과 준비 없이 행동하려는 경향이 있다. 새로운 활동을 하고자 하는 시도를 하지만 세밀하게 적용하거나 장기간 수행하는 것은 쉽게 싫증을 느낀다. 고착화된 일상적 업무를 하는 과정 중에는 집중력을 유지하기 어렵다.
B형 숙고하는 학습자	어떤 문제나 이슈에 관하여 천천히 생각해 보고 반응하는 경향이 있다. 특히 이들은 그룹보다는 혼자 학습하는 것을 선호한다. **강점** 주의 깊고 사려 깊게 행동한다. 어떤 하나의 결론을 내리기 전까지 그 문제를 여러 방면에서 조망하고 다양한 가능성을 찾아본다. **약점** 자신의 생각을 정리하여 어떤 일을 결정할 때에 지체하는 경향이 있다. 자신의 의견을 내세우기보다 남의 의견을 듣고 관찰하며, 상대적으로 소극적인 자세를 취하는 경향이 있다.
C형 논리적인 학습자	어떤 문제를 해결함에 있어서 정렬되고 합리적인 방식에 따라 차근차근 생각하는 경향이 있다. 따라서 주제 전체를 이해하기 위해 각각의 부분으로부터 일련의 단계를 거쳐 순차적으로 이해하고자 한다. 이들은 어떤 현상의 원인을 파악하거나 사실을 일반적인 상황에 적용하고자 노력하기 때문에 해답을 찾을 때 단계별로 학습한다. **강점** 부분적인 정보만으로도 학습할 수 있고 분석에 강하다. 합리적이고 방법론적이며, 규율에 맞추는 것을 좋아하고 객관적이다. **약점** 사물을 보는 새로운 관점을 찾아내는데 능숙하지 못하다. 주관적인 판단이나 창의적인 생각을 하는 것을 좋아하지 않는다.
D형 실용적인 학습자	이들은 어떤 문제의 해결방법을 찾고 결정하기를 좋아하며, 새로운 생각이나 이론, 기술이 실제로 어떤 효과를 나타내는지를 검증하는 것을 즐긴다. 일을 진행하는 것을 선호하며, 매력이 느껴지는 아이디어를 빨리 자신 있게 실행에 옮긴다. **강점** 실용적이며 현실적이며 시간을 낭비하지 않는다. 어떤 일의 결론을 잘 도출해 낸다. **약점** 정확한 생각이나 끝이 나지 않을 것 같은 토론은 싫어한다. 여러 가지 대안을 충분히 숙고하지 않고 어떤 문제에 대하여 처음 떠오른 해결 아이디어에만 집중해서 그것을 실행하고자 하는 경향이 있다.

출처 : 조용기 외(2010).

나의 학습스타일을 적용하면?

나의 학습스타일	
장점	
단점	
교양/전공 수업할 때 어떻게?	
비교과나 기타의 학습활동에서는 어떻게?	

2. 학습전략

학습전략은 학습자가 학습하는 동안 주로 사용하는 방법이라고 할 수 있다. 학습전략은 학습스타일과는 다르게 교과서 내용을 이해하고 암기하는 일련의 과정에서 내포된 정보를 더 깊이 있고 정교하게 처리할 수 있게 하며, 학습자의 학습 기법을 향상시킬 수 있도록 한다. 다음에서는 나의 학습전략을 확인하고 장단점을 확인하여 나의 학습전략 프로화일을 만들 수 있게 한다. 다음의 학습전략은 Pintrich와 그의 동료들(1993)이 개발한 학습전략 질문지를 윤혜경(2012)이 번역한 것이다.

다음 질문은 여러분이 공부할 때 어떠한 학습전략을 사용하는지를 알아보기 위한 것이다. 해당되는 것에 표시하면 된다.

문항	전혀 아니다	그렇지 않다	보통 이다	그렇다	매우 그렇다
1. 내 생각에 도움이 되도록 주제를 정리한다.	1	2	3	4	5
2. 학습내용 전반에 관하여 반복적으로 되뇌어 본다.	1	2	3	4	5
3. 책을 읽고 노트 필기를 하면서 가장 중요한 개념이 무엇인지를 파악하고자 한다.	1	2	3	4	5
4. 학습주제에 관련된 도서와 노트 정리 내용을 반복적으로 읽는다.	1	2	3	4	5
5. 학습주제가 이론, 가설, 결론에 관한 것일 때 관련된 증거를 찾기 위해 노력한다.	1	2	3	4	5
6. 간단한 차트, 표 등을 사용하여 정리한다.	1	2	3	4	5
7. 학습의 시발점을 생각하고 관련된 나의 생각을 발전시키기 위해 노력한다.	1	2	3	4	5
8. 강연내용, 읽을거리, 토의 내용 등 여러 가지 다른 자료의 정보를 참고로 한다.	1	2	3	4	5
9. 주어진 주제를 이해할 때 까지 스스로에게 주제와 관련된 질문을 한다.	1	2	3	4	5
10. 교수의 수업유형과 수업과정에서 요구하는 것에 맞추기 위하여 나의 공부방법을 변화시키기도 한다.	1	2	3	4	5

11. 종종 수업에 관한 독서를 할 때 무슨 내용인지 모를 때가 있다.	1	2	3	4	5
12. 가장 중요한 개념이 무엇인지를 스스로에게 상기시킨다.	1	2	3	4	5
13. 단순히 학습에 관련된 내용을 읽어가는 것이 아니라 그 내용을 뒷받침하는 것이 무엇인가를 살피고 주제에 관하여 생각한다.	1	2	3	4	5
14. 주제에 관련된 다른 여러 가지 과정의 개념들을 연결시켜 생각한다.	1	2	3	4	5
15. 과목별 노트정리를 하며 중요한 개념에 밑줄 친다.	1	2	3	4	5
16. 이미 알고 있는 학습내용과 관련하여 공부한다.	1	2	3	4	5
17. 나만의 방법으로 개념 전반을 이해하고자 한다.	1	2	3	4	5
18. 학습내용에서 중요한 개념을 요약하여 정리한다.	1	2	3	4	5
19. 강의내용과 교과서 내용의 연결점을 찾고자 한다.	1	2	3	4	5
20. 수업시간에 어떤 결론이나 주장에 대하여 읽거나 듣게 될 때 가능하면 하나를 선택하여 생각한다.	1	2	3	4	5
21. 중요한 개념과 암기내용을 정리한다.	1	2	3	4	5
22. 중요한 개념이 무엇인지 모르겠다.	1	2	3	4	5
23. 각각의 공부에서 달성해야 할 목표와 행동을 분명하게 안다.	1	2	3	4	5
24. 수업시간에 노트필기를 하지 못하면 수업시간이 끝난 후에라도 꼭 한다.	1	2	3	4	5
25. 교과서에서 익힌 아이디어를 강연이나 토의 같은 다른 수업활동에 적용시킨다.	1	2	3	4	5

학습전략	번호
시연	2, 4, 12, 21
정교화	8, 14, 16, 18, 19, 25
조직화	1, 3, 5, 6, 7, 17, 20
초인지	9, 10, 11*, 13, 15, 22*, 23, 24

*는 역채점 문항

학습전략별로 평균점수를 계산하면 내가 주로 사용하는 학습전략을 확인할 수 있다.

가. 시연전략 : 주의집중과 부호화 과정에 관련되며 새로운 정보를 저장하기 보다는 학습의 선택과 집중에 관련된다.

나. 정교화 전략 : 학습된 자료 간의 구성을 통하여 정보를 오래 기억할 수 있게 하는 전략이다. 이 전략은 학습자료를 비교하고 평가하며 읽거나, 요약하거나, 실제 상황이나 문제에서 예를 드는 활동이다. 이 전략은 기존에 알고 있는 학습내용과 새로운 학습내용을 연결시키도록 도와준다.

다. 조직화 전략 : 유목화, 학습과제에서 주요한 개념을 찾아내기, 학습과제의 제목과 하위제목 찾아내기, 표로 만들기, 그림으로 표현하기 등이 포함된다.

라. 초인지 전략 : 학습전략은 알고 있는 것만으로 효과적이고 적절하게 사용할 수 없기 때문에 자신의 학습과정을 조절하고 통제하는 상위인지전략이 필요하다. 계획하고, 점검하고 조절하는 전략을 말한다.

3. 학습전략 개발

1) 주의 집중의 보완

- 환경적인 계획과 준비
- 일정한 장소, 낯익은 자리, 공부할 태세가 갖추어진 방
- 졸음이 오지 않을 정도의 안락한 방
- 불필요한 자극체가 없는 방
- 개인적인 계획과 준비
- 피로하거나 배고프지 않기
- 주행성, 야행성 등에 따라 주의 집중이 잘 되는 공부시간 선택하기
- 과제 관련적인 계획과 준비
- 학습 과제를 분명히 인식하기
- 공부할 시간과 범위를 미리 결정해 두기
- 읽기, 쓰기, 복습 등 다양한 학습활동을 번갈아 하기

다음의 표에 주의산만을 일으키는 요인을 적어보고 소집단으로 그 결과를 가지고 개선방안을 논의해 보자.

가. 심리적 요인

____

____

____

나. 물리적 요인

____

____

____

다. 개선방안

____

____

____

2) 시연전략의 보완

- 노트를 잘 정리하고 교재를 읽으면서 중요한 부분은 밑줄을 긋고 메모하는 습관을 가지기
- 규칙적으로 복습하기
- 배운 것을 암송하기
- 암기 카드를 만들기

3) 정교화 전략의 보완

- 원리 설명하기

  다른 학생과 함께 공부하면서 자신이 배운 것을 함께 공부하는 학생에게 설명해 본다. 정보를 단순하게 외우지 말고 그 원인과 결과를 설명하도록 한다.

- 실례 찾기

  학습한 내용과 비슷한 사례를 찾도록 해 본다.

- 이미지 활용하기

  언어와 그림을 연결시킴으로써 더 잘 이해가 될 수 있을 뿐만 아니라 시험 답안을 쉽게 작성할 수 있게 한다.

- 이미 알고 있는 것에서 출발하기

  학습한 내용이 자신이 좋아하는 것 또는 자신의 기억 속에 학습한 내용과 연관되는지 확인한다. 받아들인 정보를 이해하고 기억하는 것은 이미 알고 있는 배경지식에 기초해서 이루어진다.

4) 조직화 전략의 보완

- 학습한 내용을 표로 정리하여 내용을 정리하고 비교하기

- 조직화 예시자료

대학이름	위치	대표학과	특성화

- 중심 개념이나 아이디어 조직도를 마인드 맵으로 그려보기

5) 초인지 전략의 보완

- 공부목표 설정하기

  새로운 내용을 공부하기 전에 자료를 어떻게 조직화할지 생각하기 위해 자료를 대충 훑어보고 공부할 목표를 설정한다.
- 주의집중이 안 될 때마다 교재에 자신만의 표식을 해 두기
- 교재를 읽은 후 혹은 수업 후 자신에게 질문하면서 복습하기
- 공부목표를 얼마나 잘 달성하고 있는지 점검하고 방법 수정하기

6) 기타 학습전략의 보완

학습전략의 가치는 전략의 특징이나 사용에 달려 있다. 효과적인 학습전략은 정보를 다시 읽거나 가장 중요한 정보를 의식적으로 선별하여 밑줄을 치지 않고 학습자가 정보를 변형하는 것이다. 가장 흔히 사용할 수 있는 전략은 다음과 같다.

- 노트하기

읽기나 강의 듣기에서 흔히 쓰이는 학습전략은 노트하기이다. 노트하기는 특정한 형태의 학습내용에서 효과적이다. 노트하기의 효과는 일관적이지 않다. 노트하기는 복잡한 개념적인 자료에서 주제 찾기를 중심 과제로 수행할 때는 긍정적인 효과를 낸다. 또한 정신적인 처리과정을 거치는 것은 읽은 것을 그대로 받아 적는 것보다 훨씬 효과적인다.

- 밑줄치기

가장 흔한 학습전략으로 밑줄을 치거나 형광펜으로 표시하는 전략이다. 무엇이 중요한지 결정하지 못하고 너무 많이 밑줄을 치지 않아야 한다. 중요한 것과 중요하지 않은 것을 구분하여 밑줄치는 연습을 해야 한다.

● 요약하기

읽은 정보를 나타내는 주된 요점을 간략하게 쓰는 것이다. 효과적인 방법은 학습자가 각각의 문단을 읽은 후에 요점을 한 문장으로 쓰는 것이다.

● 개요작성과 개념도 작성하기

개요작성은 주된 생각을 위계적으로 나타내는 것인데 세부정보는 높은 범주아래에 있어야 한다. 개념 작성하는 주된 아이디어를 파악하고 그 관계를 도표로 나타낸다.

CHAPTER 04 학습동기

"배를 만들게 하고 싶다면 배 만드는 방법을 가르치기 전에 바다에 대한 동경심을 키워줘라. 그러면 스스로 배를 만드는 법을 찾아낼 것이다."

– 생텍쥐페리의 어린 왕자 중에서–

동기란 행동을 발생시키는 원인이 되고, 행동의 방향과 목표를 제시하며 행동의 수준이나 강도를 결정하는 내적 상태를 말한다. 학습동기란 학습활동을 하려는 경향을 말하며 어떠한 학습목표를 향하여 행동을 하게 하는 상태를 의미한다. 학습동기는 학습자가 스스로 과제를 선택하고, 선택한 과제를 해결하기 위해 지속적으로 노력하며, 학습자에게 주어진 과제를 성공적으로 수행하기 위해 끈기를 가지게 하는 힘의 원천이다. 여러분은 학습동기가 높은가? 높다면 어떠한 학습동기가 높은가?

1. 나의 학습동기 확인하기

자신의 학습동기를 점검하고 학습동기를 유지하기 위한 전략을 점검해보자.

아래의 문항을 자세히 읽어본 후 자신의 평소행동과 일치하는 정도에 따라 해당번호에 체크해보자. 이 검사는 Michigan pintrich 등(1991)이 개발한 MSLQ를 근거로 하여 박세정(2022)이 개발한 자료이다.

문항	전혀 아니다	그렇지 않다	보통 이다	그렇다	매우 그렇다
1. 나는 학교에서 배운 내용을 이해하는 것이 중요하다고 생각한다.	1	2	3	4	5
2. 나는 대학생활이 내가 성장하는데 중요한 역할을 할 것이라고 생각한다.	1	2	3	4	5
3. 나는 대학에서 배우는 내용이 살아가는데 유용할 것이라고 생각한다.	1	2	3	4	5
4. 나는 학교 공부를 중요하게 생각한다.	1	2	3	4	5
5. 나는 교수님의 말씀을 중요시한다.	1	2	3	4	5
6. 나는 다른 학생들보다 공부 잘하는 것이 중요하다.	1	2	3	4	5
7. 나는 다른 학생들보다 내가 더 우수하다는 것을 교수님께 보여드리고 싶다.	1	2	3	4	5
8. 나는 가능한 다른 친구들 보다 좋은 학점을 받고 싶다.	1	2	3	4	5
9. 나는 학점이 무엇보다 중요하다고 생각한다.	1	2	3	4	5

구성요인	문항수	문항번호
내적 동기	5	1, 2, 3, 4, 5
외적 동기	4	6, 7, 8, 9
합계	9	

학습동기는 일반적으로 무동기, 외적 학습동기, 내적 학습동기로 구분할 수 있다. 무동기는 학습하려는 행동의 의지가 거의 없는 상태를 말하며, 외적 학습동기는 학습이 가져오는 결과들이나 외적 보상에 관심을 갖게 되는 것이다. 예를 들어 좋은 학점을 받거나 교수님께 인정 받기 위해서 공부를 하고자 하는 것을 말한다. 외적 학습동기는 학습 과정 중에 주위의 다른 요인에 의해 영향을 받고, 특정 평가에 대한 보상이나 기대치를 중요하게 생각한다.

내적 학습동기는 학습자 스스로 과제나 학습 그 자체에 흥미, 호기심을 가지고 자발적으로 학습하려는 의욕을 갖는 것이다. 예를 들어 교양수업의 A라는 교과에 대한 내적동기가 높아서 교실 제일 앞에 앉아서 수업을 듣고자 하는 것이다. 내적 학습동기는 학습 행동 그 자체가 즐길 만한 것이고 자신의 관심, 과제에 대한 몰입, 관심, 능력에 의해 영향을 받는다.

- 요즈음 내가 진정으로 재미를 느끼는 일은 어떠한 것인가?

우리는 대학생활 중에 여러 가지 일들을 스스로 혹은 타의에 의해 하게 된다. 어떤 일을 스스로 즐겁게 하게 될 때에는 시간이 금방 지나가고, 성과도 좋게 나타난다. 반대로 억지로 하는 일은 시간도 더디게 지나가고, 효과도 떨어진다. 그렇다면 나는 보상을 기대하지 않고 활동 그 자체를 즐길 수 있는 일은 어떤 것이 있을까? 꼭 학습과 관련되지 않아도 좋으니 다섯 가지만 생각해 보자.

- 요즈음 내가 어떤 보상을 받기 위해 노력하는 것이 있을까?

2. 학습동기와 귀인

우리는 어떠한 결과에 대해 원인을 찾고 그 원인에 대한 해석을 하게 된다. 이것을 귀인이라고 하며, 학습결과에 대한 귀인은 다음의 학습에 영향을 주게 된다. 학습동기에 대한 귀인은 학습결과의 실패와 성공의 원인을 어느 쪽으로 돌리는 지를 말한다. 어떤 학생들은 실패를 했을 때 외적 요인(능력이나 운, 시험 난이도)으로 돌리는 경우가 있는데, 이렇게 하면 다음에 학습하고자 하는 의욕이 떨어진다. 따라서 내적 요인(노력)때문이라고 믿어야 한다. 성공을 했을때도 나의 노력 때문이라고 믿어야 다음 학습의 동기가 높아진다.

학습동기 귀인요인

귀인		귀인 내용
내적	노력	나는 이번에 열심히 노력했어. 이번 시험에는 공부를 안했어.
외적	시험 난이도	시험이 너무 쉬웠어. 교수님이 시험 문제 너무 어렵게 냈어.
	운	오늘은 운이 좋게 공부한 부분에서만 나왔어. 나는 운이 없는 것 같아. 공부 안한 부분만 시험에 나왔어.

다음에 주어진 상황에 대해 내적, 외적 귀인을 생각해 보자.

- 중간시험 결과

(외적) 중간고사 시험 문제가 너무 어려웠다.
(내적) 이번 시험준비를 철저히 하지 못했다.

- 낮은 과제 점수

(외적) ______________________________
(내적) ______________________________

- 교내 비교과 활동 수상

(외적) ______________________________
(내적) ______________________________

- 협력이 안되는 팀과제 활동

(외적) ______________________________
(내적) ______________________________

- 실패하는 다이어트

(외적) ______________________________
(내적) ______________________________

- 최근에 경험한 실패 사례를 생각해 보고, 그것을 내적으로 귀인해 보자.

____
____
____

3. 학습동기와 자기효능감

1) 내적동기를 높이기

- 내가 진정으로 즐거워 하는 일을 찾아보고 그 일을 실행한다.

- 나 자신이 원하는 것과 주위 사람들이 원하는 것을 혼동할 때가 있다. 주위의 친구들이나 부모님이 원하는 것이 아닌 나 스스로가 가장 원하는 것이 무엇인지를 확인하고 그것을 추구한다.

- 외적 학습동기를 내적 학습동기로 바꾼다.

- 처음에는 학습을 할 때 높은 성적을 받거나 칭찬받기 위한 목적이 있었지만, 성적이 향상되고 교과 내용이 재미있어서 즐겁게 공부를 하게 되기도 한다.

- 교수님과 친하게 지낸다.

- 신입생들이 조금씩 학교에 적응할 시기가 되면 지도교수님이 정해지고, 교수님께 여러 가지 조언을 듣게 되고, 여러분의 대학 학습생활에 큰 동기가 부여된다.

- 자기효능감을 높인다.

- 스스로 어떤 일을 잘 할 수 있다고 믿는 자신감을 가지고, 외부의 압력에 의해 활동하기 보다는 흥미를 가지고 하다보면 어떤 과제나 일을 극복할 수 있게 된다.

이들 외에도 내적 학습 동기를 높이기 위한 방법이 어떤 것이 있을까?

2) 자기효능감 높이기

자기효능감이란 어떤 일을 성공적으로 수행할 수 있다는 자신의 능력에 대한 기대를 말하며, 유능감이라고도 한다. 우리는 성공의 경험이 높으면 높을수록 자기효능감이 높아지지만, 실패경험이 많아지면 자기효능감은 낮아진다. 그리고 자신이 어떤 일을 수행할 수 없다고 믿으면 어떤 일을 아예 시작하지 않으려고 한다. 다시 말해 동기가 낮아지게 된다. 나는 자기효능감이 높은 사람인가? 모든 영역에 자기효능감이 동일한 수준은 아니다. 나는 어떤 영역에 자기효능감이 높고 낮은가?

나의 효능감 영역은?

- 내가 잘 할 수 있다고 생각하는 영역은 어떤 것인가?

- 내가 잘 할 수 없다고 생각하는 영역은 어떤 것인가?

- 나의 자기효능감이 발달된(높은 영역, 낮은 영역)이유는 무엇일까?

출처 : 서미옥(2018).

CHAPTER 05 효율적인 시간관리

시간관리는 알맞은 시간에 알맞은 일을 하는 것이다. 그리고 시간관리는 자신의 목표에 맞게 시간을 활용하도록 하는 것이다. 따라서 공부와 여가에 적절하게 시간을 분배하고 바람직한 목표 달성을 위해 계획된 일을 하는 것이다. 여기서 나는 효율적인 시간관리를 하고 있는지 점검해 볼 필요가 있다.

1. 나의 시간 사용 점검

우리는 대학생활을 하면서 내가 통제할 수 있는 시간과 통제할 수 없는 시간으로 구분해 볼 수 있다. 나의 생활 속에서 내가 통제할 수 있는 시간은 더 효율적으로 사용할 수 있다. 그럼 우선 내가 사용하는 시간들을 항목별로 구분해 보고 나의 시간 패턴을 확인해 보자.

1) 지난 한 주간의 시간 사용패턴

2) 나의 시간 사용 패턴에서 과하게 많이 쓰는 시간은 어떠한 곳인가?

____

____

____

____

3) 시간을 효율적으로 사용하지 못하게 하는 원인은 어느 것인가? 자신에게 가장 많이 해당하는 항목을 체크로 표시하자.

- 미루기 ························ (　　　)
- 우선순위 설정의 미비 ························ (　　　)
- 계획, 관리 부족 ························ (　　　)
- 친구들의 유혹 ························ (　　　)
- 스마트폰 사용 ························ (　　　)
- 목표설정의 미비 ························ (　　　)

4) 자신이 시간관리를 할 때, 최대의 실패 원인과 해결방안을 생각해 보자.

2. 효율적인 시간관리 Tip (김홍자, 2016)

1) 인지적 전략

① 완벽하게 일을 할 필요가 없다는 것을 기억하라.

– 어떤 일을 할 때 완벽하지 않아도 시도를 하는 것이 전혀 안하는 것보다 낫다. 우선 시작하고 보완하는 것이 일을 훨씬 쉽게 할 수 있다.

② 미루면 즐겁지 않은 과제로 변한다.

– 할 일을 미루면 점점 더 스트레가 쌓이게 된다. 일을 하지는 않고 걱정만 할수록 점점 더 하기 싫은 과제로 변하게 된다.

③ 긍정적으로 생각하도록 한다.

– 과제가 그렇게 힘들지 않다는 것을 자신에게 설득하고, 한번에 할 수 있는 만큼 구체적이고 현실적인 계획에 따라 하는 과제라면 충분히 감당할 수 있다.

④ 지금 이 순간 선택해 본다.

– 이 과제는 내가 해야 할 필요가 있는 중요한 것인가? 그렇다면 나는 지금 이 과제를 시작하기를 선택하겠는가? 아니면 미루기를 선택했는가?

⑤ 과제를 마친 상황을 상상해 본다.

- 미루고 있는 과제가 중요하고 의미있는 것임을 생각하며 그것을 완성했을 때를 상상하며 만족감을 느껴본다.

2) 행동적 전략

① 일단 10분 동안만 일을 해 본다.

- 한자리에서 끝마치겠다는 결심을 하게 되면 일에 질리게 되기 때문에 처음 시작할 때는 일단 10분 동안 만 한다는 시간제한을 해놓고 그 다음 계속할 것인지 아닌지를 결정한다.

② 완벽한 환경에 대한 환상을 버린다.

- 완벽한 준비, 충분한 시간, 깔끔한 주변을 기다리면 에너지가 미리 소진되어 지쳐버리거나 해야 할 다른 일이 생기거나 충분한 시간이 남아있지 않게 된다.

③ 일을 할 기분이 아닌 상태일지라도 시작한다.

- 어떤 일을 하고 싶을 때까지 기다린다면 그 시간은 영원히 오지 않을 수도 있다. 가장 집중이 잘되는 시간과 장소를 정하여 습관적으로 일을 해보도록 한다.

④ 가장 중요하면서 어려운 것부터 한다.

- 우선 순위를 정하고 하기 싫고 어렵다고 느껴지는 일부터 먼저한다. 그 결과 이후의 과목을 제대로 활용할 수 있는 정서적인 안정을 준다. 그러면 쉬운 일이 남게 되고 그것은 어려운 과제보다 더 쉽게 일을 시작할 수 있다.

3. 주간 목표와 계획 세우기

시간 계획은 단기와 중기가 있고, 년 간, 월간, 주간계획이 있다. 보통 주간 계획을 세워서 그것을 작성하여 실행해 나가면 월간과 연간 계획이 달성된다. 주간 계획을 세우기 전에 다음 항목을 확인해 보자.

체크할 항목	내용	비고
이번 주에 해야 할 가장 큰 과제는?		
이번 주에 가장 시간이 많이 걸리는 것은?		
이번 주에 꼭 완료해야 할 일은 무엇인가?		
이번 주에 내가 반드시 해야 할 일은 무엇인가?		
이번 주에 꼭 만나야 할 사람은 누구인가?		

- 계획표를 체크리스트로 활용

일과가 끝난 후에 일일 계획표상의 모든 과제들이 완수되었는지를 점검해 보고 어떤 것을 하지 못했다면, 다음 날 그것을 할 수 있도록 목록에 추가한다. 주별 계획표를 일요일에 점검하고 지난주에 해야 할 모든 과제를 끝냈는지를 확인하고 다음 주의 일일 계획표를 설정한다.

이번 주 해야 할 일	일자	실행여부(V)

오늘 해야 할 일	실행여부(V)
• 영어 레포트 • •	
• 도서관에 대여한 책 반납 • •	

• 홈페이지에서 비교과 프로그램 신청하기 • •	
• 교양 조모임 • •	

● 계획표 작성하기

– 일정표에 해야 할 일들에 대한 마감 날짜를 적는다.

– 각 수업시간표와 수업에서 해야 할 일들의 목록을 만든다.

– 성격에 따라 매일 시간대 별로 계획을 세우는 것을 부담스러워 할 수 도 있다. 그런 경우는 그날의 목록 리스트를 포스트잇이나 휴대폰에 기록해 두자. 이때에 오전과 오후로 나누어서 목록 리스트를 작성하자.

– 장기 일정표는 한 한기의 달력을 이용한다.

– 주말에 한주 계획의 실행여부를 확인하여 다음 주의 계획에 반영한다.

– 교과목의 학습 순위를 정할 때는 수강학점이 높은 교과목을 우선적으로 배치하고 중요하고 어렵다고 느끼는 교과목을 먼저 학습하는 것이 좋다.

● 틈새 시간 활용하기

– 5분 내외 : 스트레칭, 심호흡, 간단한 전화통화, 이메일 확인 및 발송

– 15분 내외 : 음악 감상하기, 간식먹기, 커피마시기, 잠시 이야기 나누기, 영어회화

30분 내외 : 책상정리, 산책, 전화통화, SNS 활동

– 60분 내외 : 과제하기, 수업, 인터넷 검색, 운동하기

틈새 시간 활용

나에게 틈새 시간은 언제인가?

ex) 화요일 오전 수업 끝난 후 비교과 프로그램 참여하기 전

틈새시간에는 어떤 일을 할까?

틈새시간과 활동방법을 체크하기

내용	체크

● 시간 계획 및 점검표 만들어 보기

시간관리를 어떻게 해야 할지 생각해보자. 가장 먼저 필요한 것은 '목표 설정'이다. 전체적으로 목표를 설정한 후에 필요한 것을 나열해 본다. 그리고 이들의 우선순위를 정한 것을 기반으로 하여 월별, 주별, 일일 시간 계획을 세우는 것이 좋다. 지금 자신의 모습을 기준으로, 일정 시간 단위에 따라 자신이 원하는 모습을 생각하면서 적어보는 것이다.

① 목표 설정하기

기간	자신이 원하는 모습
1주 후	
1달 후	
한 학기 후	
1년 후	

ex) 체중, 영어성적, 독서량의 목표

② 월간 시간 계획 및 점검표 작성하기

월간 시간 계획 및 점검표를 작성하여 월별 일정에 따른 세부목표, 해야 할 일을 계획하고 이를 점검한다.

월	세부목표	할 일	평가	
			잘한 점	잘 안된것

③ 주간 시간 계획 및 점검표 작성하기

주간 시간 계획 및 점검표를 작성하여 월별 일정에 따른 세부목표, 해야 할 일을 계획하고 이를 점검한다.

시간	월	화	수	목	금	토	비고
오전		비교과프로그램 참여	과제물 제출				
오후		교양영어수업 복습			동아리모임		
저녁			친구 만나기				
비고							

CHAPTER 06 교재 이해 전략

뇌는 가소성이 있다. 책을 많이 읽으면 책 읽는 뇌가 되고 인터넷을 많이 하면 인터넷을 하는 뇌가 된다. 책 읽는 뇌가 언어의 바다 곳곳을 깊숙이 헤엄치며 신비를 경험한다면, 인터넷을 하는 뇌는 바다의 겉만 훑으며 시원한 바람만 즐기고 있을 뿐이다(고영성, 2016).

캐나다의 연구팀은 70명의 사람들에게 엘리자베스 보웬의 단편 소설 '러버'를 읽도록 했다. 한 그룹은 일반문서로 읽었고, 다른 한 그룹은 링크가 있는 하이퍼텍스트 상태로 글을 읽도록 했다. 일반 문서로 읽은 사람은 열 명 중 한 명만이 읽기의 어려움을 표현했다. 반면 하이퍼텍스트 형태로 글을 읽은 그룹은 글을 더 오랫동안 읽었음에도 불구하고, 내용을 정확히 이해하지 못했으며 4분의 3이 집중이 잘 되지 않았다고 호소했다. 또 다른 연구에서는 사람들에게 똑 같은 온라인 글을 읽도록 하고, 대신 글 안에 담긴 링크의 개수에 차이를 두었더니, 링크의 개수가 늘어날수록 이해력이 떨어졌다.

● 온라인의 글 읽는 뇌

온라인의 글 읽는 뇌
• 전전두엽이 집중적으로 활성화
• 웹상의 다양한 링크 속에서 클릭해야 할지 말지를 판단
• 우리의 한정된 인지자원을 활용
• 텍스트의 집중도를 흐려 이해력과 기억력을 저하
• 콘텐츠의 광고로 인해 관련 없는 문제해결과 주의력 분산→산만, 텍스트 독해를 방해

* 전전두엽 : 의사결정을 할 때 활성화 되는 영역

1. 효과적인 6단계 만독법(고영성, 2016)

만독이란 책을 "씹어 먹는 과정"이다. 당연히 좋은 것은 꼭꼭 씹어서 먹어야 한다. 여기에서는 효과적인 만독법을 소개하고자 한다.

1단계 만독할 책을 선정하기

만독을 하려면 오래 살아남은 책을 골라야 한다. 그리고 자연과학과 사회과학 책은 오랜 역사의 흐름을 새로운 시각으로 남은 책을 선정하도록 한다.

2단계 반복해서 읽기

만독할 책을 반복해서 읽는다. 최소 3회 이상 읽으면 책의 내용이 어느 정도 머릿속에 들어올 것이다. 번역서는 원서를 같이 읽어두면 좋다.

3단계 파생 독서하기

파생독서를 할 때는 세 가지의 방법이 있다.

① 내가 선정한 책의 저자가 쓴 다른 책을 읽어보는 것이다.

② 저자가 참고한 도서들을 함께 읽어 보는 것이다.

③ 만독하는 책과 비슷한 주제의 다른 책들을 읽는 것이다. 이왕이면 다른 시

각으로 쓰여진 책이면 더욱 유용하다.

4단계 장별로 요약하기

책을 자세하게 읽으면서 장별로 요약하는 것이다. 요약을 하기 위해서는 책의 핵심에 대한 이해가 필요하다. 요약을 하면서 핵심을 파악하는 것을 연습하게 된다. 이 때에 요약한 것을 책의 빈 공간이나 노트에 메모하면 더욱 효과적이다.

5단계 장별로 생각 적어보기

장별로 자신의 생각을 적는 것이다. 자신의 생각, 느낌, 질문 등을 적어둔다. 다만 책의 내용을 현실과 연결한다면 더욱 좋다. 헤럴드가 고대 그리스에 대한 지식을 자신의 감정이나 자신의 생활과 연결시켜 글을 썼던 것처럼.

6단계 장문 쓰기

이때까지 읽은 책 중에 한 가지의 주제를 선정하고 A4에 관련한 주제를 담은 책이나 자료 등을 종합한 후 자신의 견해를 추가하여 완성된 글로 써보자. 처음에는 결코 쉽지 않을 것이고 결과물도 마음에 들지 않겠지만 글을 계속 쓰다 보면 실력이 향상된다. 글의 완성도는 생각하지 말고 무조건 완성시키는 연습을 한다.

자신이 쓴글을 하나씩 공개하면 집중력이 높아지고, 더 좋은 글이 완성된다. 뿐만 아니라 글에 대한 다양한 피드백을 받게 되면 더욱 발전할 수 있다.

2. 읽기 전략

공부의 핵심은 정보를 읽어내는 것이고, 학습효과를 높기 위해서는 정보를 빠르게 인식하고 핵심을 잘 찾아내는 것이다. 읽기 능력이란 정보 수집에 있어서 눈에 보이는 정보를 읽어내는 힘과 정보를 선택하는데 필요한 주의력을 의미한다. 눈에 보이는 정보들을 얼마나 정확하게 머릿속에 입력하고 활용하느냐는 읽기 능력과 관련이 있고, 읽기 능력은 선택적 주의력과 관련 있으며 주어진 자극

안에서 필요한 정보를 얻는데 필수적인 능력으로 주어진 상황을 비교·분석하면서 단서를 버리고 필요한 것만을 선택하도록 돕는 것이다. 그렇다면 나의 읽기 능력은 어느 정도인지를 확인할 필요가 있다. 다음은 나의 읽기 능력을 점검하는 질문들이다.

No	질문	1	2	3	4
1	책을 읽기 전에 어떻게 하면 효과적으로 읽을 수 있을지 생각해 본다.				
2	어려운 내용의 책을 읽을 때는 이에 맞추어 천천히 혹은 더욱 집중하여 읽는다.				
3	책을 읽을 때 이해되지 않는 부분은 표시해 두었다가 다시 한번 천천히 읽어본다.				
4	책의 내용을 이해했는지 확인하기 위해 스스로 질문한다.				
5	책의 내용을 다른 책이나 강의 중에 들은 내용과 연결하여 생각한다.				
6	책의 내용에 대한 구체적인 예를 찾아본다.				
7	책의 내용을 나의 언어로 다시 설명해 본다.				
8	책의 내용을 잘 기억하기 위해 중요한 부분은 요점 정리를 해둔다.				
9	책을 읽으면서 중요한 내용을 별도로 다시 정리한다.				
10	글의 내용을 다시 한번 비판적으로 생각해 본다.				

합계 점수 (   ) 각 1–4점

- 30점 이상 : 양호한 편이나 책 읽는 방법을 개선하면 좀 더 효과적인 글 읽기 가능
- 20점 이하 : 심각하게 자신의 글 읽기 전략을 검토해야 할 필요가 있음

출처 : 김혜은 외(2008).

텍스트를 읽었다고 해서 모든 사람이 내용을 이해하는 것은 아니다. 책을 적극적으로 읽으면 그 내용을 더 쉽게 이해하고 소극적으로 읽으면 글을 읽어도 그 내용을 이해 못하는 경우가 있다. 다음은 적극적 읽기와 소극적 읽기를 비교한 것이다. 적극적 읽기와 소극적 읽기를 이해하고 나는 어떤 읽기를 하고 있는지 확인해 보자. 그런 다음 보완점을 찾아 보도록 하자.

적극적 읽기	소극적 읽기
• 스스로 답을 찾아야 할 질문을 던지면서 읽어본다 • 책의 제목과 표지를 훑어본다 • 책을 반복해서 읽어 나간다 • 책을 이해하면서 읽어나긴다 • 어려운 부분은 소리내어 읽는다 • 신체활동을 함께 하면서 읽는다 : 풀이과정 등은 반드시 손으로 직접 풀어보아야 한다. • 전문서적을 읽을 때에는 일반책 보다 2배 정도의 시간을 할애한다 • 책 읽는 속도를 증진시킨다 : 처음에 소설책으로 가볍게 15분 알람을 맞추어 놓고 알림이 울릴 때 까지 읽고 난후 읽은 내용을 요약하거나 이야기 해본다. 이런 과정을 반복한다 • 서자와 교수의 입장에서 책을 읽는다 – 내가 저자라면 글을 어떻게 쓸 것인가? – 내가 저자라면 어떻게 독자에게 내용을 전달할 것인가? – 내가 저자라면 학생들에게 무엇을 가르칠 것인가?	• 단어 하나하나씩 읽는다 • 모르는 단어나 용어가 나오면 읽기를 멈춘다 • 무조건 읽는다 • 책의 내용부터 읽는다 • 저자와 분리하여 객관적 입장에서 읽는다

⊙ 나는 적극적 독자인가? 소극적 독자인가?

⊙ 만약 소극적 독자이면 어떤 점을 보완해야 할까?

⊙ 적극적 독자라면 어떤 장점이 있을까?

● 어떻게 읽을 것인가?

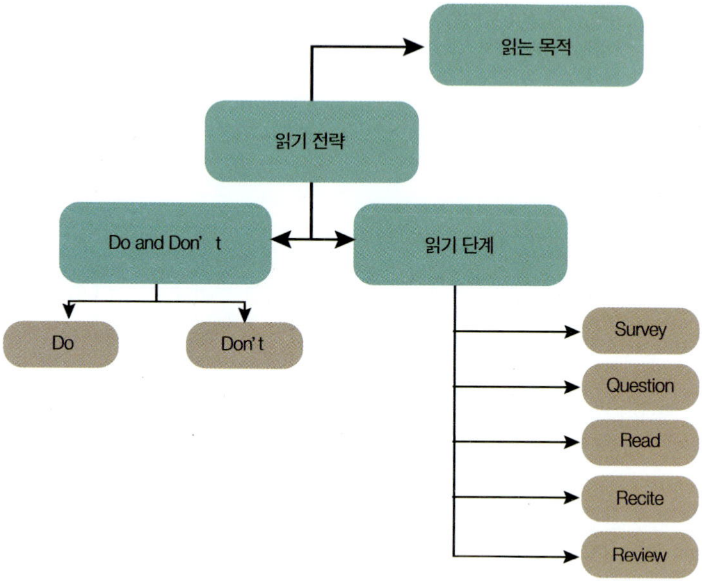

출처 : 김홍자(2016).

1) 읽기 전 단계

● 읽기 목표를 인식하기

책을 읽는 목적에 따라 교재 읽는 방식이 달라진다. 대학생들은 주로 과제, 보고서 때문에 책을 많이 읽는다. 각기의 책에서 무엇을 얻어야 하는지에 따라 읽기가 달라진다. 단순히 흥미 위주로 책을 읽을 것인지 비판과 분석까지 포함시켜야 하는지를 결정해야 한다.

● 읽기 동기와 흥미 유발하기

책을 읽을 때는 친구가 옆에서 차를 마신다거나 떠들면 그쪽으로만 집중하게 된다. 지나치게 긴장되면 수행수준이 떨어져 오히려 공부에 방해가 된다. 지나치게 각성수준이 낮아도 수행수준이 떨어진다. 그러므로 적정한 각성 수준을 유지하는 것이 좋다. 따라서 나만의 조용한 곳을 찾거나 주의 집중을 방해하는 단서나 자극을 피한다. 또한 읽기 목표량을 정하고 1시간에 5분 정도의 휴식시간을 규칙적으로 갖는다. 글의 내용이 다른 내용에 비해 난해한 경우 30분 정도 읽고 휴식을 갖는다.

- 텍스트 주제 관련 생각해 보기

읽으려고 하는 텍스트의 주제와 관련된 다양한 생각을 해 보는 연습을 해야 한다. 읽으려는 내용의 주제를 보고 브레인스토밍을 한다. 그것을 제목 위에 적어 본다.

2) 읽기 단계 : SQ3R 독서법

- Survey : 장의 개관

– 제목(인간이란 어떤 존재인가? : 인간다움에 대한 성찰)을 읽고 생각나는 것을 메모하기

⊙ 인간이란 어떤 존재인가? 인간다움하면 떠오르는 것은? (내가 알고 있는 것과 알고 싶은 것)

출처 : 이종호 외(2016).

- '도입'과 '목표'를 읽기 : 학습목표를 읽어라. 학습목표가 없으면, 훑어 보거나 첫 번째 문장을 읽으면서 목표를 나타내는 문장을 확인
- 장은 몇 개의 절로 이루어져 있고, 절의 제목과 기타 항의 제목을 읽기, 절과 항이 나누어져 있지 않으면 단락의 첫째 문장을 읽기
- 토픽과 관련된 추가 자료 찾아보기
- 도표와 그림들도 간단히 보고 지나가기
- 5분 정도의 시간 할애하기

● Question : 질문하기
- 처음 보는 내용이나 이해하기 어려운 부분을 찾아서 6하 원칙에 따라 의문형으로 바꾸기
- 큰제목과 소제목을 의문형식으로 바꾸기
- 본격적인 읽기 단계로서 읽기, 밑줄 긋기와 답하기

● Read : 적극적으로 읽기
- 앞서서 제기한 질문에 대한 답을 찾으면서 읽기
- 요점을 알 수 있는 주요단어나 구절 등에 밑줄 긋기
- 중요한 정의나 공식, 단어에 별표나 감탄부호 혹은 의문부호를 사용
- 각 페이지의 여백에 자신의 말로 이해하기 쉽게 중요한 점을 요약하기
- 어려운 부분은 손가락이나 연필로 표시하며 읽기

● Recite : 암송하기
- 읽은 것을 되뇌어 생각하고 이야기 하기
- 밑줄 친 부분이나 특별히 강조한 부분을 다시 보고 난 후 크게 소리내기
- 중심내용을 파악하여 요약
- 자료를 재조직하고 의미를 부여
- 전후 맥락 및 상황과 관련지어 암기

- 질문에 대한 답을 소리내어 말하거나 글로 쓰기
- 질문에 대한 답을 찾지 못한 것이 있으면 다시 읽어보기
- 중요한 단어나 용어를 암송하기

● Review : 복습하기
- 전체적인 내용을 다시 확인하기
- 요점들을 체크하고 전체적인 조직이 파악될 수 있게 복습
- 대답한 것과 다른 내용을 다시 확인하여 알게 된 정보들을 전체적으로 조직화하기
- 중심내용과 세부내용을 연결하는 시각적인 그래픽을 그려보기(마인드 맵)
- 진체의 내용을 요약하기
- 자신이 시험문제 출제자라면 어떤 문제를 출제할지 생각해 보기
- 텍스트를 읽고 난 다음의 소감을 소집단으로 나누어 협의해 보고 자신의 생각을 함께 나누어 보기

인간은 스스로 이성을 사용할 수 있는 능력을 지닐 때 참된 인간이 된다고 보는 것이 서양 전통철학의 입장이다. 플라톤, 아리스토텔레스, 칸트는 모두 영혼과 육체를 이분법적으로 나누어 보는 관점에서 이성적 능력을 갖춘 인간을 최고의 존재자로 규정한다. 그래서 이성을 자율적으로 사용하게 만드는 과정을 중시한다.

플라톤은 인간은 이성, 기개, 욕망을 가지고 태어나는데, 이중 이성이 기개와 욕망의 부분을 잘 조절할 때 그 사람을 인간다운 인간이라고 할 수 있다고 생각하였다. 아리스토텔레스는 자연은 인간에게 이성을 부여했으므로 인간은 이성을 잘 발휘하는 방법을 배워야 하며, 덕이 있는 행위를 하는 데 익숙해져야 덕이 있는 사람이 될 수 있다고 하였다. 아리스토텔레스

는 모든 사람들이 자신의 내부에 있는 가장 고귀한 것을 위해 전력을 다할 때 공동의 이익이 성취될 것이라 믿었다. 칸트에게 인간은 자연의 입법자이면서 도덕의 입법자이고 자연의 최후 목적이다. 칸트는 인간이 경험에 범주를 적용하여 보편타당한 인식을 할 수 있고 정언명령에 따르는 도덕적 행위를 할 수 있는 이성적 존재라고 생각했다.

인간을 욕망하는 존재로 보는 입장은 홉스와 흄, 그리고 프로이트에게 발견된다. 홉스는 인간이 자기보존의 충동에 따라 움직이며 자기보존을 위해 사회계약을 맺을 수 있는 계산능력을 가진 존재라고 생각했다. 흄은 인간의 이성이라고 하는 것은 정념을 정당화하는 데 사용될 뿐이라고 보면서 이성을 정념의 노예라고 하였다. 정신분석학자 프로이트가 생각하는 인간은 성적본능에 의해 많은 부분이 결정되는 존재이다.

출처 : 이종호 외(2016).

〈시각적인 자료 예시〉

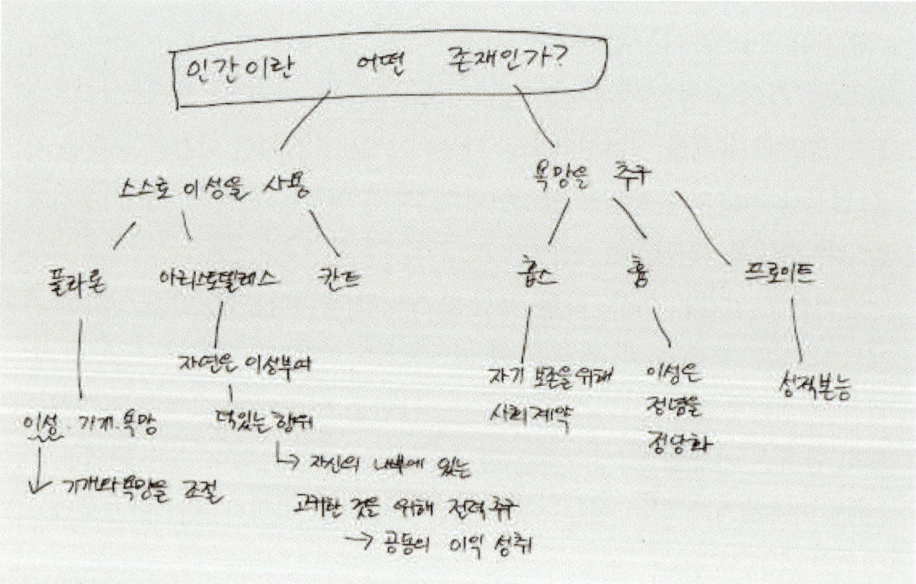

행복이란 무엇일까? 브레인스토밍 하기

– 행복이란 무엇일까? 행복에 대한 성찰 –

우리에게 행복감을 주는 것은 대체로 돈으로 살 수 없는 것이다. 물론 돈으로 살 수 있는 것이 주는 쾌감이 있다. 이 쾌감은 상당히 자극적이어서 누구도 쉽게 그 쾌감을 포기할 수 없다. 그러나 궁극적인 만족은 돈으로 살 수 없는 것에서 온다. 일차적인 편리나 쾌락과 궁극적이고 진정한 행복을 구분하는 데에는 이성적 관조가 필요하다. 어떤 욕망을 실현할 것인가와 관련해서 자신의 욕망이 참된 것인지 참되지 않은 것인지를 살필 줄 알아야 한다.

인간은 불만족에는 주의를 기울이고 만족에는 주의를 기울이지 못하여, 장점에는 쉽게 익숙해지고 단점에는 익숙해지지 않는 편파성을 가지고 있다. 인간의 이러한 편파성은 고통의 원인이 된다. 인간이 가진 고도의 표상능력은 고통을 고통이라 이름 붙이면서 더욱더 큰 고통의 원인이 된다. 그러나 인간의 표상능력이 결여를 인식할 수 있는 능력이고 꿈을 가질 수 있게 하는 능력인 것도 도외시해서는 안 된다.

아리스토텔레스와 에리히 프롬은 도덕과 행복이 일치한다는 입장이다. 덕을 실현하는 과정에서 인간은 행복을 느끼게 된다. 미덕을 가진 것 자체가 행복하다는 증거이다. 칸트는 도덕과 행복이 일치되려면 최고선을 가능하게 하는 신을 요청해야 한다고 본다. 신을 배제한 상태에서는 덕과 행복이 일치된다는 보장을 하기 어렵다. 칸트에 따르면 행복이 보장되지 않는데도 도덕적 행위를 할 때 그 행위의 도덕적 가치가 있는 것이다.

인간은 누구나 자기 자신의 진정한 가능성을 실현하고자 한다. 자기다울 때 행복하다는 것은 대체로 동의할 수 있는데, 문제는 나답다는 것이 무엇인지를 알기 어렵다는 것이다. 자신만의 고유성이 실현될 때 행복한데, 어떤 것이 자신만의 고유성인지를 확인하는 데에는 노력이 필요하다. 우선 실존적 조건을 직면해야 한다. 죽음은 두려운 일이지만 스스로 죽어가고 있는 과정에 있음을 인정해야 진정한 자기가 원하는 것이 무엇인지를 찾아나갈 수 있다.

이 세상에 던져진 존재인 인간이 죽음 앞에서 어떻게 살 것인가를 진실되게 고민하면 자기다움을 추구하며 살 수 있게 된다. 그런데 자신의 자기다움을 찾으며 살아가다 보면 타인의 자기다움에 대해서도 관심을 가지게 된다. 인간은 자신이 자기다운 만큼 타인도 자기답게 살아가기를 희망하게 되고 이를 위해 노력하게 된다. 인간다움과 자기다움을 동시적으로 추구할 때 인간은 행복을 느끼게 된다.

출처 : 이종호 외(2016).

마인드맵

Date: ______________

Name: ________________

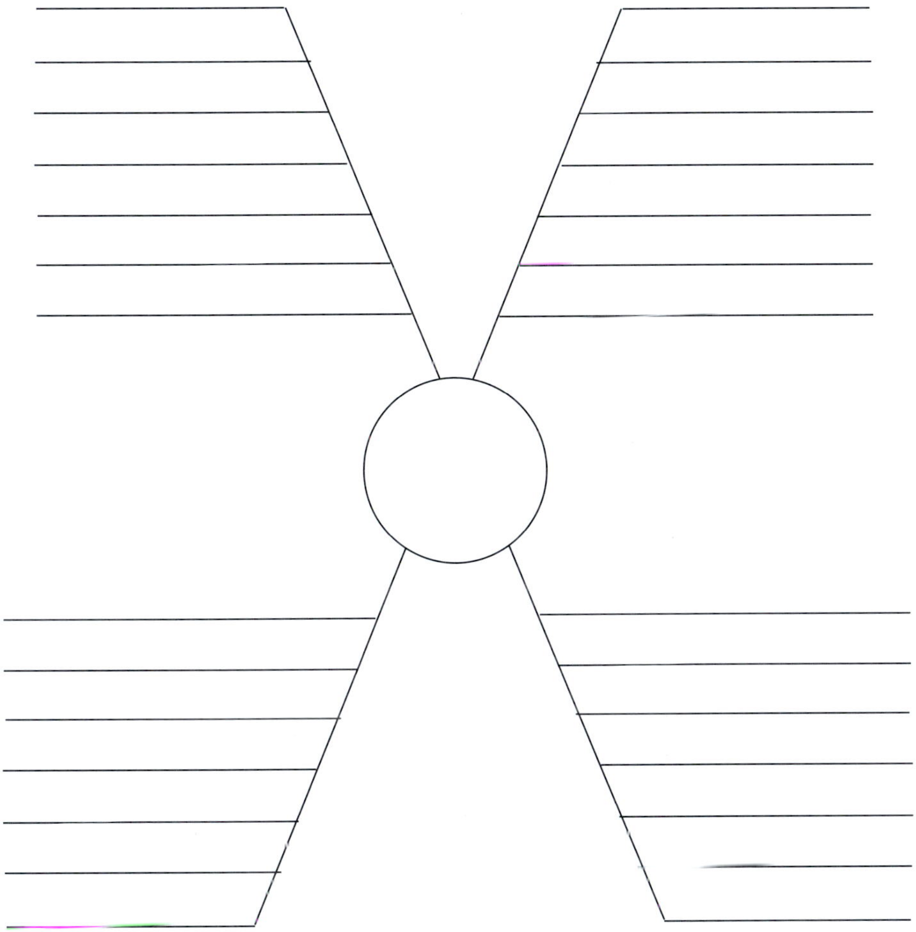

3) SQ3R 독서가이드

① Survey(개관)

앞 페이지에 있는 '행복이란 무엇인가'에 대한 글 전체를 훑어 보자. 특히 제목, 소제목, 그림, 도표 등을 주의 깊게 살펴보면서 읽어 보자.

다음에 대해 정리해 보자 •

- 제목 : ______
- 소제목 : ______

______

______

______

- 페이지의 수 :

______

- 이 글은 전체적으로 볼 때 어떤 요지의 글인지에 대해 생각나는 대로 적어 보기

______

______

______

______

______

② Question (질문하기)

- 제목과 각 소제목을 의문형으로 바꿔서 질문을 만들어 보고 아래에 써보자.

______

______

③ Read(읽기)

각 소제목에서 만든 질문에 대한 답을 찾으면서 글을 읽자(이 때 중요한 핵심 아이디어에 밑줄을 긋고 그 뜻을 빈 여백에 적으면서 읽자). 대답을 기록해 보자.

④ Recite(암송하기)

다시 자신이 만든 질문들을 떠올리고 거기에 대한 답을 머리 속에서 정리해 보자. 그리고 그 답을 의역해서 아래에 적어보자.

⑤ Review(복습하기)

책을 덮기 전에 전체의 내용을 떠올려보도록 하자. 그리고 다음 수업 시간 전에 한번 더 읽은 내용을 브레인스토밍 해 보자.

CHAPTER 07 기억력 향상을 위한 전략

우리는 상당히 많은 정보들을 받아들이고 있고 이들 중에서 중요한 정보들을 선택적으로 주의집중하고 기억하는 연습이 필요하다. 특히 대학생활에서 시험을 잘 치기 위해서는 기억전략을 개발해야 한다. 수업시간에 배운 내용을 기억하고 시험을 칠 때 정보들을 잘 끄집어 내는 것이 필요하다. 기억전략이란 우리의 기억 속에 수많은 정보들을 저장하고, 그것이 재생될 수 있도록 기억 및 인출하는 기술들을 향상시키는 방법을 의미한다.

1. 기억전략 확인하기

먼저, 나는 얼마나 기억전략을 잘 활용하고 있는지를 확인하고자 한다. 다음의 질문에 예/아니오 로 답해 보자.

NO	질문	예	아니오
1	기억을 더 잘하기 위해 정보를 조직화하거나 집단화 하는가?		
2	공부를 마친 후, 학습을 점검하기 위해서 자가진단을 해보는가?		
3	공부시간에 간격을 두고 복습하는가?		
4	질문에 답은 알고 있으나 답이 생각나지 않는 경우가 종종 있는가?		

5	시험 전에 시험범위 내용을 대충 훑어보는 방식으로 공부하는가?		
6	시험공부를 할 때 알아야 할 모든 정보를 다 외우려고 노력하는가?		
7	비슷한 정보들 때문에 헷갈리는 경우가 종종 있는가?		
8	시험 칠 무렵에 공부했던 정보를 잊는 경우가 종종 있는가?		
9	시험이 끝난 후에 문제의 답이 생각나는 경우가 있는가?		
10	교재의 주요 내용을 단순히 반복하여 기억하는가?		
총점			

출처 : 손연아 외(2007)

환산방법

번호	점수(예로 답)	점수(아니오로 답)
1, 2, 3	1	0
4, 5, 6, 7, 8, 9, 10	0	1
총점 0~4점	기억전략의 개발이 필요하고 더욱 향상시켜야 함	
총점 5~7점	기억전략 몇 가지를 활용, 다른 전략의 연습필요	
총점 8~10점	다양한 기억전략을 활용하고 있음	

나의 기억전략은 어떠한가? 충분한 연습으로 습득하고 개발시킬 수 있다. 반대로 기억이 잘 되지 않는 이유들도 많이 있을 것이다. 그 이유를 살펴보자.

- 기억이 잘 되지 않는 이유

① 주의 집중하지 않음

우리의 뇌는 시각, 청각, 후각, 미각 등의 감각기관을 통해 정보를 받아들인다. 그러나 주의 집중한 정보들만이 기억을 오래 유지시킬 수 있다. 여기서 선택적으로 중요한 정보에 주의 집중하는 연습이 필요하다. 학습 효과를 높이기 위해서는 수업시간에 교수님이 주시는 자료들과 설명에 선택적으로 주의 집중해야 한다.

② 단시간에 벼락치기

단시간에 모든 정보를 기억할 수는 없다. 평생 기억되는 정보도 있지만 일부는 금방 사라지기도 한다. 한꺼번에 많은 정보를 접하게 되면 오래 기억하지 못한다. 우리는 종종 시험치기 직전에 많은 정보를 기억했다가 시험 치고 나오면 많은 기억들이 없어지는 경험을 한다. 따라서 기억해야 할 내용은 나누어서 조금씩 기억하는 것이 오랫동안 기억할 수 있게 한다.

③ 간섭이 발생

우리의 뇌에는 상당히 많은 정보들이 있는데 이것들이 얽혀 있어서 가끔 혼동하고 착각 할 때가 있다. 이것은 비슷한 정보들이 서로 간섭을 일으키기 때문이다. 따라서 비슷한 정보들은 차이점과 유사점을 구분하여 기억하는 연습을 해야 한다.

④ 인출의 단서 부족

기억한 내용을 인출(끄집어) 하려면 그 기억에 대한 단서가 있어야 한다. 기억을 이끌어 내기 위한 중요한 단서가 없다면 기억하기가 어려워진다. 어떤 정보를 기억할 때 그 정보와 관련된 시각적 자료, 청각적 자료를 연결하면 기억인출이 쉬워진다.

⑤ 시간이 지남에 따라 쇠퇴

기억에 저장된 정보들이 오랫동안 사용하지 않으면 그 흔적이 점점 희미해져서 결국은 기억이 흐려진다. 따라서 오랫동안 기억해야 할 내용들은 가끔 반복하여 기억하는 연습을 해야 한다. 우리가 어릴때부터 기억하는 구구단은 여러번 반복해서 지금까지 기억하게 되는 것이다.

⑥ 불인징한 정서

시험이나 면접을 볼 때 긴장하거나 불안하면 집중하기 어려워지고 중요한 정보를 회상하거나 인출하기 어려워진다. 불안한 정서는 정보를 인출하는데 방해를 일으킨다. 정보를 인출할 때는 적당한 긴장과 편안함이 필요하다.

- 내가 기억을 잘 하지 못하는 이유는 어떤 것이 있을가? 위의 이유 말고 다른 이유는 어떤 것이 있을까?

2. 기억력 향상시키는 전략

1) 시연(rehearsal)하기

시연이란 마음 속으로 또는 소리를 내어 정보를 반복하는 것이다. 가수들이 노래 하기 전에 미리 사전 연습하는 것을 시연이라고 한다.

⊙ 다음을 마음 속으로 또는 소리 내어 외워 보자. (각 1분)

① 3, 5, 8, 12, 45, 123

② 미선이는 설날에 사과, 복숭아, 배, 딸기를 너무 많이 먹어 배탈이 났다.

③ 희원이는 어제 흰 바지와 분홍색 티셔츠를 입고 파란색 모자를 썼다.

⊙ 1분 후에 친구한테 기억한 내용을 말해 보자.

2) 범주화 하기

기억할 내용을 범주화 하는 것이다. 전체의 내용을 훑어 보면서 내용 간의 유사점과 차이점을 나누고 이들을 분류하는 것이다.

* 다음을 범주로 정리해 보자. 그런 후에 범주 이름과 세부내용을 기억해 보자.

① 장미, 후레지아, 국화, 목련, 개나리, 튤립

② 사과, 자동차 , 핸드폰, 테블릿, 복숭아, 구두

③ 다음은 범주별로 내용을 비교하는 방법이다.

자연과 문화의 비교

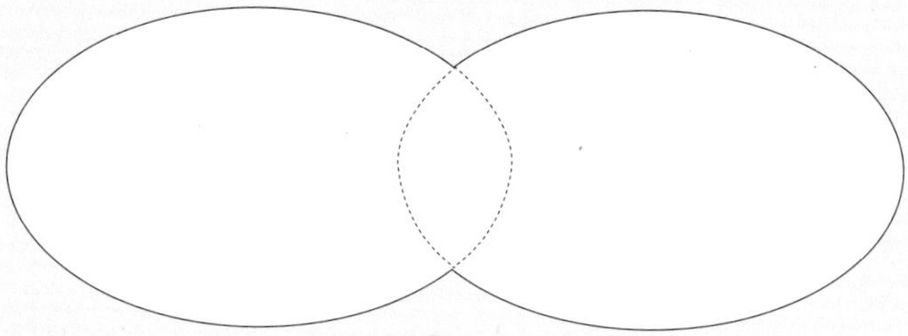

3) 장소 연결법

기억재료를 이미 잘 알고 있는 장소에 관련시켜서 머릿속에 저장하는 기법이다. 특히 기억재료의 수에 제한받지 않고 순서대로 기억해야 할 경우에 유용한 방법이다.

우리 생활 속에 있는 물건이나 장소를 이미지화 시키고 위의 대상과 연결시킨다. 기억하려는 내용의 첫째 것은 첫째 장소와 둘째 것은 둘째 장소 장소 순으로 서로 독특하고 상호 작용적인 심상을 형성하여 기억해 내도록 하는 것이다.

(1) 기억항목과 저장소를 연결시키기

커피 : (장소나 물건)	휴지:
컴퓨터:	노트북:
휴대폰:	신발:
냉장고:	가방:
필통:	라면:

예) 스타벅스에서 커피를 마시는 나의 이미지를 그려보기

(2) 기억해 내기

심상화한 장소를 처음부터 차례대로 적으면서 여기에 상호 작용적으로 결합되어 있는 항목들을 기억해 낸다.

저장소	기억항목

4) 이야기로 만들기

기억해야 할 내용을 맥락적으로 이어서 이야기로 만들어 기억하는 방법이다. 이야기는 여러 가지 형태로 만들 수 있다. 다음의 대상을 연결하여 이야기로 만들어서 다른 사람에게 발표해 보자.

⊙ 인형, 군인, 휴대폰, 책상, 자동차, 딸기, 수박, 개나리, 구두

5) 코넬 대학의 노트 정리법으로 기억하기

- 코넬 노트는 미국의 코넬대학에서 개발한 노트 방법으로, 대학생들에게 가장 효과적인 필기방법으로 알려져 있다.
- 노트에 세로와 가로로 줄을 그어 '단서칸', '요약칸' 그리고 '노트 정리란'으로 구분한다.
- 수업시간에 노트정리란에 강의내용을 필기한 후, 시험공부를 하면서 '단서칸'에 '노트정리' 란에 기록해 둔 내용과 관련된 질문을 만들고, '요약칸'에는 해당 쪽의 내용을 한 두 문장으로 요약한다.

과목명 : 공업지론	단원명 : 베버의공업입지이론
교수명 : 홍길동교수님	제 목 :

핵심단어	
베버공업일지 이론전제조건은?	1. 베버의공업입지이론 가) 전제조건 ① 원료산지, 동력산지, 소비시장은고정& 어디서나 이용가능 ② 교통수단동일, 운송비는 거리와 중량에 비례 ③ 임금의 지역 차이가 있음
생산비지역간 차이가없을때 입지는? 집적이익이란?	나) 이론의전개 ① 최소 운송비 지점 생산비의 지역 간 차이가 없을 때 최소 운송비지점 입지 ② 노동비 절약 지점 어떤 지역의 노동비가 상대적으로 저렴 ③ 집적이익지점 연관기업들이 집중되어 발생하는 집적이익이 큰 지점
최소생산비지점 결정순서는?	다)결론 ① 공업은 최소 생산비 지점에 입지함 ② 최소운송비지점, 노동비 절약지점, 집적이익순으로 최소 생산비 지점 결정됨
한계3가지는?	라) 한계 ① 생산 측면만 강조 ② 시장 수요 고려 없음 ③ 운송비가 거리와 중량에 정비례하지 않음

요약

베버의 공업입지 이론은 시장, 운송, 임금 등의 전제조건이 있다. 공업은 최소 생산비 지점에 입지하며, 생산비의 지역간 차가 없을 땐 최소 운송비 지점이 된다. 이 이론엔 생산 측면만 강조한 한계가 있다.

출처 : 계명대학교 교수학습개발센터.

- 코넬식 노트 정리법 활용

이번 학기에 수강하는 교과목 중 하나를 선택하여 코넬식 노트 필기 방법을 활용하여 실제로 연습 해보자. '노트정리' 란의 가장 위쪽에 교과목 수업일시(날짜 및 요일) 담당 교수명 등을 기입한 후, 아래의 노트 정리 양식에 따라 노트 필기 연습을 하고, 다른 팀원들과 개선점을 의논해 보자.

과목명: 교수명:	단원명: 제 목:

핵심단어	
요약	

6) 개념도를 활용하기

교재를 읽거나 수업을 들은 후에 내용을 정리하고 기억하는 좋은 방법은 개념도를 그리는 것이다. 교재에서 다른 주제, 아이디어, 관련 정보 등을 연결하여 쉽게 이해 할 수 있고, 시각적으로 위계를 만들면서 이해하기 쉽게 하는 것이다.

- 교과목의 내용을 훑어 보고 기억해야 할 주제나 장을 선택하기
- 교재에서 다른 정보를 어떤 식으로 정리할지 결정하기
- 전체의 내용을 시간대별 혹은 각 개념이나 아이디어에서 나오는 것을 위계적으로 정리하기
- 활동시트지에 주요 아이디어, 주요 제목, 용어 등을 각각 적어서 같은 영역별로 나눠 놓기
- 위에서 정리한 것을 다음의 종이에 개념도로 그려보기

CHAPTER 08 창의적 학습전략

창의력은 대학 생활에서 개발되어야 할 역량이고, 이것은 전공이나 교양의 교과 내용을 더 깊게 이해하고 재미있게 학습할 수 있게 한다. 창의력은 새롭고 유용한 것을 생성할 수 있는 능력으로 여러 교과에서 활용할 수 있고, 연습을 통해서 충분히 개발 될 수 있다.

1. 나의 창의력

먼저, 나는 얼마나 창의적인가를 확인하고, 나의 장·단점을 포함한 창의적인 프로파일을 점검해야 할 것이다. 창의력은 창의적인 성격과 사고력으로 구분해 볼 수 있다. 다음은 나의 창의적 성격을 확인하는 문항들이다.

	문항	전혀 아니다	그렇지 않다	보통 이다	그렇다	매우 그렇다
1	주변에서 일어나는 일이나 어떤 사람에 대해 궁금한 것이 많다.	1	2	3	4	5
2	비록 실패가 예상될지라도 정말 하고 싶은 일이면 하는 편이다.	1	2	3	4	5
3	왜 그럴까 하고 질문을 많이 한다.	1	2	3	4	5
4	어떤 일을 처음 시작하는 것을 두려워하지 않는다	1	2	3	4	5
5	나는 내 일을 스스로 알아서 한다.	1	2	3	4	5
6	나와 다른 피부색을 가진 사람들과도 친구하고 싶다.	1	2	3	4	5
7	만약~~라면 어떻게 될까 라는 생각을 자주 한다.	1	2	3	4	5
8	누가 시키지 않아도 나의 할 일을 잘 찾는다.	1	2	3	4	5
9	무엇을 집중하기 시작하면 그 일이 끝날때까지 오랫동안 집중하는 편이다.	1	2	3	4	5
10	나는 혼자 있을 때에는 무슨 일을 해야 할지 모르겠다.	1	2	3	4	5
11	시작한 것은 끝을 내는 편이다.	1	2	3	4	5
12	잘 모르는 것이라도 두려워하지 않는다.	1	2	3	4	5
13	나는 내가 싫어하는 사람과도 이야기를 할 수 있다.	1	2	3	4	5
14	무슨 일이든 대충하지 않고 꼼꼼하게 하는 편이다.	1	2	3	4	5
15	나와 다른 생각을 가진 사람들과 이야기 하는 것을 좋아한다.	1	2	3	4	5

출처 : 유경재 외(2011).

하위영역	문항번호
호기심	1, 3, 7
과제집착	9, 11, 14
독립성	5, 8, 10*
위험감수	2, 4, 12
개방성	6, 13, 15

* 역문항

- 호기심 : 궁금한 것에 대해서 알고 싶어 하는 경향
- 과제집착 : 어려움이 있어도 끝까지 주어진 과제를 해내려고 하는 경향
- 독립성 : 다른 사람들의 생각이나 평가에 신경쓰지 않고 주도적으로 판단하여 주어진 과제를 해결하려는 경향
- 위험감수 : 실패할 가능성을 무릎쓰고라도 하고 싶은 일을 해내고자 하는 성향
- 개방성 : 새로운 경험이나 새로운 생각들을 기꺼이 수용할 수 있는 성향

앞의 체크리스트를 보고 점수를 합산하여 높은 영역은 장점, 낮은 영역은 약점으로 정리해 볼 수 있다.

자신의 프로파일을 작성해 보자

장점	약점

다음은 나의 창의적 사고력을 확인하는 것이다. 창의적 사고력의 기본 요소는 아이디어를 많이 내고, 독창적으로 생각하는 것이다.

나는 얼마나 창의적인 아이디어를 생각할 수 있을까?

<table>
<tr><td>1) 우리는 일회용 컵을 한번 쓰고 버리는 경우가 많다. 종이컵을 버리지 않고 여러곳에 사용할 수 방법을 생각해 보자. 종이컵 한 개에 한정하지 않아도 된다.</td><td colspan="2">2) 탁구공 1000개가 있다. 이것을 재미있고 유용하게 사용할 수 있는 방법을 생각해 보자.</td></tr>
<tr><td>• 각 번호에서 내가 생각한 아이디어의 수는?</td><td>1)</td><td>2)</td></tr>
<tr><td>• 팀원 다른 사람이 생각하지 않은 아이디어는?</td><td>1)</td><td>2)</td></tr>
</table>

다음의 곡선에 선을 더하여 재미있는 그림이나 물건이 되도록 완성해 보자.	
1) 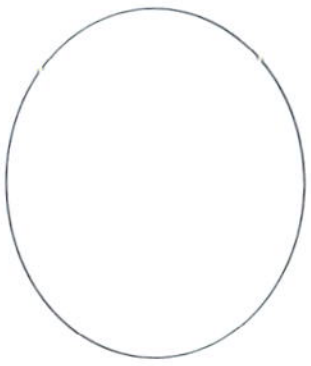	2) 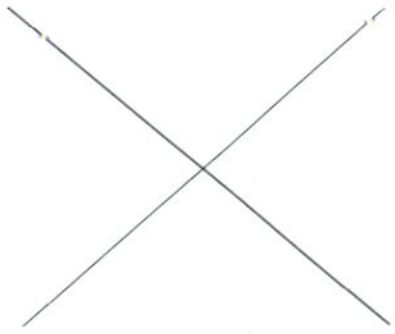
3) 	4) 
5) 	6) 

- 완성된 그림은 몇 개인가?
- 다른 사람의 아이디어와 나의 아이디어를 비교해 보자.

2. 창의적 사고력 개발 전략

- 나의 학교 생활을 보다 창의적이고 보람 있는 것으로 바꾸어 보고 싶다. 그래서 무엇인가를 새롭게 시작해 보고 싶다. 어디서부터 시작해 볼까? 많이 다양하게 생각해 보자(팀 활동). 비판하지 않고 생각나는 데로 모두 써보자.

- 다양한 아이디어를 생각하기 위해서는 다양한 범주의 목록을 보고 여러 가지로 보는 시각을 개발할 수 있다.

아이디어 생성을 위한 범주 리스트

예술과 심미		정부와 정치	
기본적 욕구		법과 정의	
사업과 무역		기타	
커뮤니케이션		신체적 건강	
국방	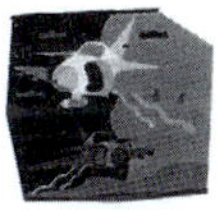	심리적 건강	
경제		레크레이션	
교육		사회적 관계	
환경		기술	
윤리와 종교		수송(교통)	

출처 : FPSPI(Future Problem Solving International).

- 더 좋은 '교양 교과목'을 개발하고자 한다. 어떠한 아이디어가 있을까? 생각나는 것을 모두 브레인스토밍해 보자. 이때에 비판을 하지 않고, 많은 아이디어를 써보자. 충분히 생각한 후에, 좋은 아이디어 5개 정도 ✓표시 해보자.

- 어떻게 하면 우리학교가 발전할 수 있을까? 생각나는 것을 모두 브레인스토밍해 보자. 많이 생각한 후에 비슷한 것끼리 분류하고 분류한 것을 제목을 붙여보고 이것을 발표해 보자.

- 우리는 가끔 지금 관심을 가지고 있는 과제와 전혀 관계없는 물건을 보게 되면 새로운 생각이 떠오를 때가 있다. 서로 다른 물건들을 결합하여 독특한 아이디어를 생성할 수 있다. 이것을 강제결부법이라고 한다. 다음의 문제와 그림을 연결하여 새로운 생각을 많이 해보자.

운동화	+		새로운 운동화 만들기
운동화	+		
좋은 친구 사귀기	+		

- 아주 짧은 시간에 많은 특이한 결합과 아이디어를 생성할 필요가 있을 때도 있다. 이때 사용할 수 있는 방법이 형태분석법이다. 도전과제에 대해 4개 혹은 그 이상의 변수나 특성 그리고 주요 요소들을 고려해야 한다. 다양한 형태를 취할 수 있는 요소들을 생각해 보고, 이러한 특성들을 세로 칸 위부터 기록해 간다. 짧은 이야기를 쓰는 과제를 수행하는 경우, 이 요소들은 등장인물, 배경, 목표, 장애물이 해당될 수 있다.

번호	인물	장소(배경)	목표	장애물

- 이것을 서로 연결하여 독창적인 이야기를 만들어 보고, 이것을 발표해 보자.

PART 03

진로탐색과 미래설계

CHAPTER 09 직업의 의미와 탐색

1. 직업의 의미

직업은 사회적 지위나 직분을 의미하는 직(職)과 생계를 뜻하는 업(業)이 합쳐진 말로 개인이 생활을 영위하기 위해 수입을 얻는 목적으로 하는 사회활동을 말한다. 즉 직업은 사람이 살아가는 데 필요한 물질적 자원을 정당하게 취득할 수 있게 하는 수단이며, 사회적 지위를 결정해 주는 동시에 자아를 실현하는 기회를 마련해 주는 일련의 행위라고 할 수 있다. 직업과 유사한 말로 사용되는 것이 바로 일인데, 일(work)은 인간이 하는 모든 활동을 포함하는 광의의 개념으로 볼 수 있는 반면, 직업(job)은 개인이 일정 시기에 지속적으로 수행하는 경제활동으로 사회적 지위와 경제적 보상이 동반되며 핵심적인 직무를 사회적으로 조직화한 것이다(조설희, 2021).

이러한 직업은 경제적·사회적·심리적 관점에서 중요한 의미를 가진다.

① 경제적인 의미에서의 직업은 개인에게 일을 할 기회를 제공하고 소득을 통해 경제생활을 영위하게 도와준다.

② 사회적 의미에서의 직업은 직무를 바탕으로 자신의 역할을 담당하면서 사회 발전과 유지에 기여한다.

③ 심리적 의미에서 직업은 개인의 자아실현의 도구로 활용된다. 개인은 직업

을 통해 이상을 실현하고, 잠재적 능력이나 소질 및 적성 등을 개발하여 만족스러운 삶을 영위한다.

이렇듯 직업은 개인에게 있어 여러 가지 측면에서 의미가 있으며, 직업 선택에 있어서도 중요한 요인으로 작용한다. 4년제 대학의 재학생들을 대상으로 연구한 한 설문조사에서, "직업 선택에 있어서 가장 중요한 요인은 무엇인가?"라는 질문에 다음과 같은 결과가 나타났다(임수연 외, 2022).

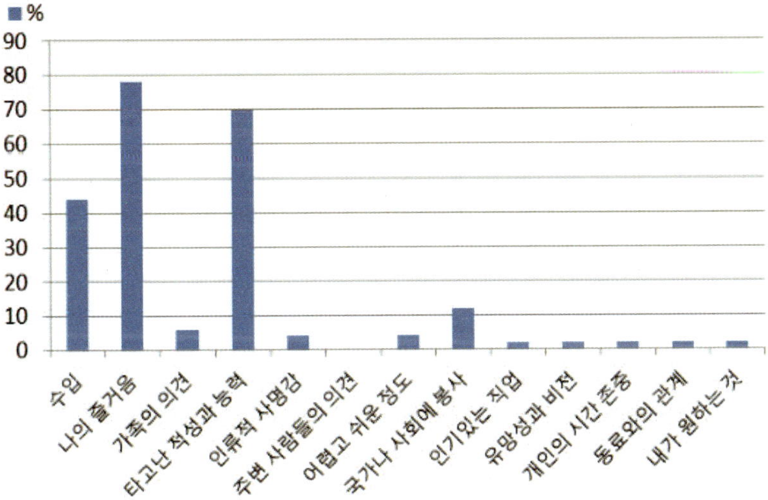

출처 : 임수연 외(2022).

이 연구의 내용을 바탕으로 직업선택의 요인을 분석해 보자. 자신에게 있어 현재 또는 앞으로의 직업선택에 중요한 요인이 무엇인지 생각해보고 그 이유도 함께 써보자.

- 직업을 선택하는데 있어 중요한 요인을 세 가지만 써보자.

1.

2.

3.

● 위에 작성한 세 가지 요인 중 자신에게 가장 중요한 요인은 무엇이며, 그 이유는 무엇인가?

____

____

____

____

____

2. 직업 탐색

세상에는 많은 직업이 있으며 우리나라만 하더라도 직업의 수가 매우 많다. 직무분석을 바탕으로 조사된 「한국직업사전」에 의하면 우리나라에는 2019년 12월 기준 12,823개의 직업과 16,891개의 직업명이 존재한다. 1969년 우리나라 최초의 직업사전이 발간됐을 당시 3,260개의 직업에서 지난 50여년간 직업은 약 9,500여개가 늘어난 것이다. 직업의 수가 기하급수적으로 증가한 것은 사회의 변화와 기술의 발전과 무관하지 않다.

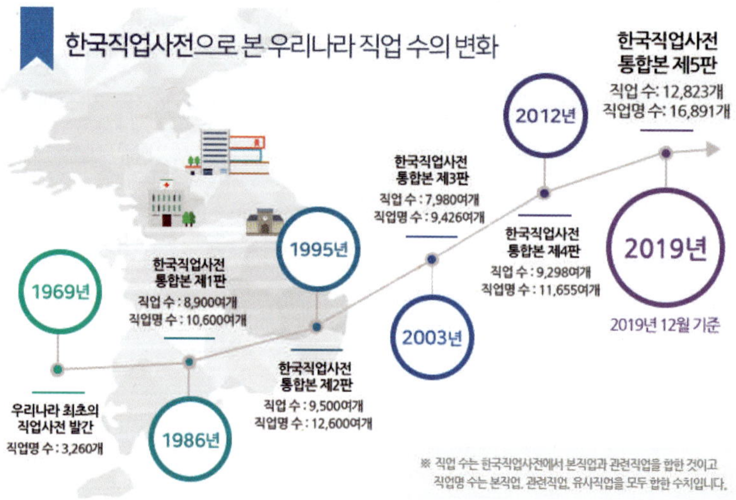

출처 : 워크넷 홈페이지.

그렇다면 이렇게 많은 직업을 우리는 어떻게 알 수 있으며, 그 직업의 특성을 어디서 찾아볼 수 있을까? 여기에서는 「한국직업사전」에 등재된 직업을 분류하여 소개하고 있는 대표적인 공공기관 웹 사이트 두 곳을 소개하고자 한다.

1) 워크넷(http://www.work.go.kr)

고용노동부와 한국고용정보원에서 운영하는 워크넷은 채용정보, 직업·진로정보, 고용복지정책, 훈련정보, 인재정보를 광범위하게 제공하고 있으며, 진로와 취업에 관한 모든 정보를 한곳에서 확인하고 서비스 받을 수 있다. 직업·진로에서는 직업심리검사와 관련한 다양한 심리검사를 직접 해볼 수 있으며, 직업은 물론 대학의 학과도 검색해 볼 수 있다. 대학의 전공에서 배우는 내용과 졸업 후 진출할 수 있는 주요 직업을 소개하고 직업별 직무 내용과 특성, 향후 진밍과 준비방법 등의 대학 전공별 진로가이드와 진로상담도 실시하고 있다. 특히 민간취업포털과 전국 지자체 일자리 정보를 한 곳에서 빠르게 검색할 수 있도록 통합일자리 서비스를 제공하고 있으니 자신의 진로계획과 관련한 구직 현황을 알고 싶다면 이용해 보는 것도 좋을 것이다.

출처 : 워크넷 홈페이지.

2) 커리어넷(http://www.career.go.kr)

한국직업능력연구원에서 운영하는 진로정보망인 커리어넷은 진로심리검사, 진로상담, 직업정보, 학과정보, 진로동영상, 진로교육을 주 메뉴로 하고 있으며, 발달단계별 맞춤 서비스를 제공하고 있다. 워크넷과 마찬가지로 중·고등학생용과 대학생·일반용으로 구분하여 다양한 진로심리검사를 실시하고 있으며, 초·중·고학생뿐만 아니라 학부모, 대학생, 성인에게도 진로에 관한 상담을 받을 수 있도록 서비스를 제공하고 있다. 특히 학과와 직업 매트릭스를 통해 관심 있는 직업과 전공계열, 학과의 연관도를 한 눈에 확인할 수 있으며, 커리어넷의 주요 서비스를 간편하게 모바일로 확인할 수 있도록 모바일 앱도 제공하고 있다.

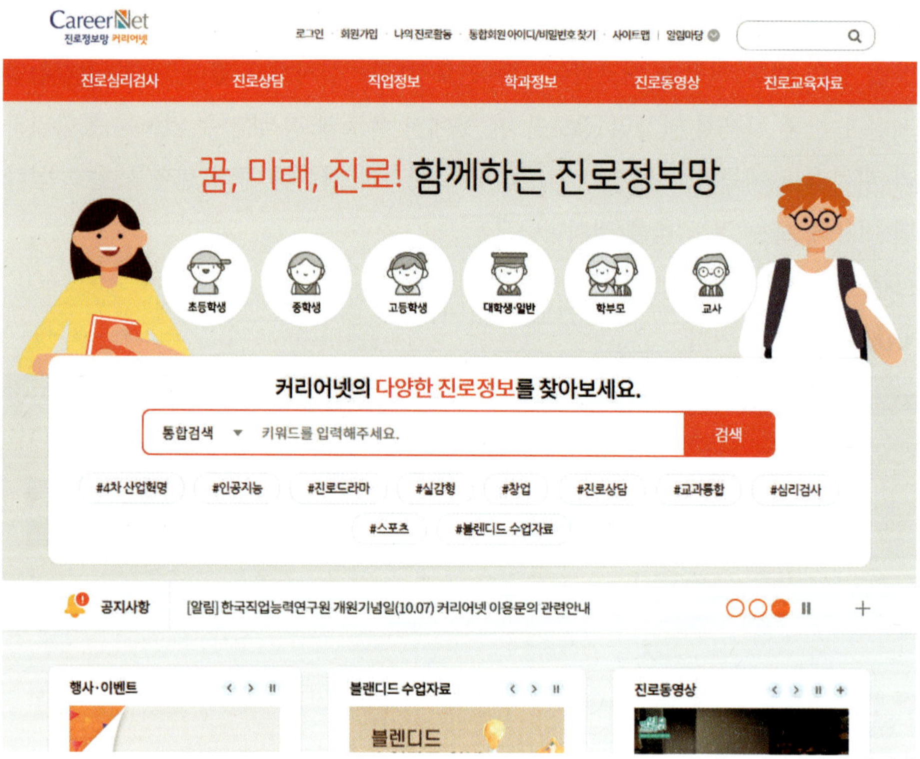

출처 : 커리어넷 홈페이지

다양한 직업을 탐색하는 방법을 알았다면 워크넷과 커리어넷을 활용하여 실제로 직업을 탐색해보자. 먼저 자신이 알고 있는 직업에 대해서 모두 적어보자. 그리고 자신의 현재 전공이나 능력과 상관없이 하고 싶은 직업이나 혹은 관심 있는 직업을 쓰고 그 이유를 작성해보자.

<table>
<tr><th>내가 알고 있는 직업</th><td colspan="2"></td></tr>
<tr><th rowspan="5">관심 있는 직업과 이유</th><td>직업명</td><td>이유</td></tr>
<tr><td></td><td></td></tr>
<tr><td></td><td></td></tr>
<tr><td></td><td></td></tr>
<tr><td></td><td></td></tr>
</table>

관심 있는 직업을 나열해 보았다면 그 중 하나를 골라 그 직업과 관련한 정보를 자세하게 조사해 보자.

직업명 : ______________________

조사 항목		내용
취업 조건	관련 학과/학력	
	자격/훈련	
필요한 능력	업무수행능력	
	지식	
	성격	
	흥미	

업무 환경	
보수	
이 직업의 장점	
이 직업의 단점	
앞으로의 전망	

3. 직업에서 요구하는 능력

어떤 직업을 갖고 그 직업에서의 업무를 잘 수행하기 위해서는 그 직업에서 요구하는 능력에 대해 파악하고 갖출 필요가 있다. 이를 보통 직업능력이라고 하는데, 배은영(2003)은 직업능력을 직업 전반에 필요한 능력인 공통기초능력(basic skills)과 신입사원이 가지고 있을 것으로 기대되는 직업기초소양능력(employable skills), 그리고 특정 직종에서 능률적인 직무수행을 위해 필요로 하는 직종별 직무수행능력(technical skills)의 세 가지 범주로 나누어 설명한다.

먼저, 공통기초능력이란 전통적으로 인문교육에서 강조해 왔던 읽기, 쓰기, 셈하기 외에 창의력, 사고력, 의사결정능력, 문제해결능력, 학습능력 등을 의미한다(조명실, 2018). 대학에서도 학생들이 이러한 능력을 갖출 수 있도록 교양과 전공교육과정에 커리큘럼을 편성하고 있다. 공통기초능력은 직업에서뿐만 아니라 대학생이라면 갖춰야 하는 핵심역량과도 연관이 크다.

둘째, 직업기초능력이란 직무를 수행하는데 반드시 필요한 핵심적이고 공통적인 직업능력으로, 단순히 글을 읽거나 셈을 하는 기초능력의 범위를 넘어 직무를 수행하는데 기초가 되는 인지적, 정의적, 신체적인 능력이다. 한국산업인력공단의 국가직무능력표준(NCS)에서는 직업기초능력을 직종이나 직위에 상관없이 모든 직업인들에게 공통적으로 요구되는 기본적인 능력 및 자질이라고 정의한다. 다음은 NCS에서 제시하는 직업기초능력의 영역과 정의 및 하위영역이다.

영역	정의 및 하위영역
의사소통능력	업무를 수행함에 있어 글과 말을 읽고 들음으로써 다른 사람이 뜻한 바를 파악하고 자기가 뜻한 바를 글과 말을 통해 정확하게 쓰거나 말하는 능력 **• 문서이해능력, 문서작성능력, 경청능력, 의사표현능력, 기초외국어능력**
자원관리능력	업무를 수행하는데 시간, 자본, 재료 및 시설, 인적자원 등의 자원 가운데 무엇이 얼마나 필요한지를 확인하고, 이용 가능한 자원을 최대한 수집하여 실제 업무에 어떻게 활용할 것인지를 계획하고, 계획대로 업무 수행에 이를 할당하는 능력 **• 시간관리능력, 예산관리능력, 물적자원관리능력, 인적자원관리능력**

문제해결능력	업무를 수행함에 있어 문제 상황이 발생했을 경우, 창조적이고 논리적인 사고를 통해 이를 올바르게 인식하고 적절히 해결하는 능력 **• 사고력, 문제처리능력**
정보능력	업무와 관련된 정보를 수집하고, 이를 분석하여 의미 있는 정보를 찾아내며, 의미 있는 정보를 업무수행에 적절하도록 조직하고, 조직된 정보를 관리하며, 업무 수행에 이러한 정보를 활용하고, 이러한 제 과정에 컴퓨터를 사용하는 능력 **• 컴퓨터 활용능력, 정보처리능력**
조직이해능력	업무를 원활하게 수행하기 위해 국제적인 추세를 포함하여 조직의 체제와 경영에 대해 이해하는 능력 **• 국제감각, 조직 체제 이해능력, 경영이해능력, 업무이해능력**
수리능력	업무를 수행함에 있어 사치연산, 통계, 확률의 의미를 정확하게 이해하고, 이를 업무에 적용하는 능력 **• 기초연산능력, 기초통계능력, 도표분석능력, 도표작성능력**
자기개발능력	업무를 추진하는데 스스로를 관리하고 개발하는 능력 **• 자아인식능력, 자기관리능력, 경력개발능력**
대인관계능력	업무를 수행함에 있어 접촉하게 되는 사람들과 문제를 일으키지 않고 원만하게 지내는 능력 **• 팀워크능력, 리더십능력, 갈등관리능력, 협상능력, 고객서비스능력**
기술능력	업무를 수행함에 있어 도구, 장치 등을 포함하여 필요한 기술에는 어떤 것들이 있는지 이해하고, 실제로 업무를 수행함에 있어 적절한 기술을 선택하여 적용하는 능력 **• 기술이해능력, 기술선택능력, 기술적용능력**
직업윤리	업무를 수행함에 있어 원만한 직업생활을 위해 필요한 태도, 매너, 올바른 직업관 **• 근로윤리, 공동체윤리**

출처 : 국가직무능력표준(NCS) 홈페이지.

직업기초능력은 '무엇을 아는가'가 아닌 '무엇을 할 수 있는가'와 관련되어 있다. 따라서 직업기초능력 평가는 직업기초능력이 '있다', '없다'로 구분되는 것이 아닌 직무나 직급에서 요구하는 수준이 어느 정도인지가 중요하다.

셋째, 직종별 직무수행능력은 국가직무능력표준(National Competency Standards : NCS)과 관련 있다. 국가직무능력표준(NCS)은 산업현장에서 직무를 수행하는데 필요한 능력(지식, 기술, 태도)을 국가가 표준화한 것으로, 교육훈련 및 자격에 NCS를 활용하여 현장중심의 인재를 양성할 수 있도록 지원하고 있다. NCS를 활용하면 기업이 어떤 능력을 지닌 사람을 채용하고자 하는지 명확히 알고 이에 맞게 직무능력을 키울 수 있다. 대학의 전공 교육과정 설계에서도 NCS를 활용하여 커리큘럼을 설계하고 체계적인 교육훈련과정을 운영하고 있으며, 이를 통해 직업현장에서 필요로 하는 실무형 인재를 양성하고 있다.

읽어봅시다

100대 기업 인재상, "창의력보다 책임의식 중요"

대한상공회의소가 국내 매출액 상위 100대 기업의 홈페이지 등에 공개한 인재상을 분석한 결과, 기업들이 요구하는 3대 인재상은 '책임의식', '도전정신', '소통·협력'으로 조사됐다. 보고서에 따르면 '책임의식'을 내세운 기업은 67개사, '도전정신'은 66개사, '소통·협력'은 64개사에 달했다고 분석했다.

이어 '창의성'(54개사), '원칙·신뢰'(53개사), '전문성'(45개사), '열정'(44개사), '글로벌역량'(26개사), '실행력'(23개사), '사회공헌'(14개사) 등의 순이었다.

5년 전 소통·협력과 전문성을 강조했던 기업들의 인재상이 올해에는 책임의식과 도전정신을 강조하는 방향으로 변화한 것이라는 설명이다.

인재상 조사는 매출액 상위 100대 기업(공기업과 금융업 포함)을 대상으로 이루어지며 2008년부터 5년 주기로 조사가 이루어진다. 이번 발표는 네 번째 조사결과이다.

보고서에 따르면 2023년 인재상은 2018년 조사에서 중위권이던 '책임의식'이 1위로 부상하는 반면, 지난 세 번의 조사에서 상위권에 머물렀던 '전문성'은 6위로 급락했다. 또한 지난 조사들에서 포함되어 있지 않았던 '사회공헌'이 인재상으로 새롭게 등장했다. 보고서는 기업들의 인재상 변화의 주요인으로 Z세대가 채용시장에 본격적으로 나섬에 따라 기업들의 인재상에도 영향을 미쳤다고 분석했다.

또한, '책임의식'이 부각된 것에 대해서는 "기업은 인력의 핵심으로 떠오르는 Z세대의 요구에 맞게 수평적 조직, 공정한 보상, 불합리한 관행 제거 등의 노력을 하는 한편, Z세대에게도 그에 상응하는 조직과 업무에 대한 책임의식을 요구하고 있는 것"이라고 덧붙였다.

<표 1> 인재상 순위 변화 추이

구분	2008년	2013년	2018년	2023년
1위	창의성	도전정신	소통협력	책임의식
2위	전문성	책임의식	전문성	도전정신
3위	도전정신	전문성	원칙·신뢰	소통협력
4위	원칙·신뢰	창의성	도전정신	창의성
5위	소통협력	원칙·신뢰	책임의식	원칙신뢰
6위	글로벌역량	열정	창의성	전문성
7위	열정	소통협력	열정	열정
8위	책임의식	글로벌역량	글로벌역량	글로벌역량
9위	실행력	실행력	실행력	실행력
10위	-	-	-	사회공헌

출처 : 대한상공회의소

반면, '전문성'의 중요도가 낮아진 것은 "직무중심채용, 수시채용이 확산되어 대졸취업사들의 직무 관련 경험과 지식이 상향평준화됐고, 지원자들이 일정 수준 이상의 전문성을 갖추고 지원하고 있어 인재상으로 강조할 필요성이 낮아졌다"고 밝혔다.

특히 '사회공헌'이 새로운 인재상으로 등장한 것에 대해 보고서는 "최근 사회가 기업에게 기후환경과 사회규범 하에 책임 있는 주체로서 이윤을 창출할 것을 요구함에 따라 이러한 인식을 구성원에게도 공유하기 위해 인재상에 반영한 결과"라 설명했다. 또한 "Z세대도 일을 선택하는데 있어 회사가 세상에 미치는 긍정적 영향을 중시하는 경향도 반영된 것으로 보인다"고 설명했다.

업종별로 원하는 인재상에 다소 차이를 보였다. 제조업의 경우 글로벌 공급망 재편, 디지털전환, 경기둔화 등 대외불확실성이 증대함에 따라 '도전정신'을 갖춘 인재상을 강조하고 있었다.

이와 달리 금융·보험업에서는 직원의 횡령·배임 등 금융사고가 잇따라 발생해 기업 평판이 훼손되고 있어 구성원들에게 도덕성을 강조하는 '원칙·신뢰'를 직원이 갖추어야 할 최우선 역량으로 내세우고 있다.

고객만족을 추구하는 도·소매업, 기타서비스업 그리고 무역운수업의 경우 책임의식을 중시하고 있었고, 건설업은 현장 안전 차원에서 다양한 관계자와의 소통이 중요해짐에 따라 '소통·협력'을 최우선 역량으로 삼고 있는 것으로 조사됐다.

<표 2> 업종별 인재상 순위

구분	제조업	금융·보험업	무역·운수업	건설업	도소매업	기타서비스업
1위	도전정신	원칙신뢰	책임의식	소통협력	책임의식	책임의식
2위	책임의식	도전정신	도전정신	도전정신	소통협력	소통협력
3위	소통협력	책임의식	소통협력	원칙신뢰	전문성	창의성
4위	창의성	소통협력	창의성	책임의식	열정	열정
5위	열정	창의성	전문성	창의성	도전정신	사회공헌
6위	원칙신뢰	전문성	열정	전문성	원칙신뢰	원칙신뢰
7위	전문성	열정	글로벌역량	글로벌역량	실행력	글로벌역량
8위	실행력	글로벌역량	원칙신뢰	열정	창의성	전문성
9위	글로벌역량	사회공헌	실행력	실행력	사회공헌	도전정신
10위	사회공헌	실행력	사회공헌	사회공헌	글로벌역량	실행력

유일호 대한상공회의소 고용노동정책 팀장은 "90년대생의 본격적인 경제활동 참여에 맞춰 기업들도 조직문화를 개선하는 한편, Z세대에게도 기존에 정립된 문화와의 조화를 추구하기를 바라고 있다"며 "올해 취업한파가 예상되는 만큼 변화된 기업의 인재상을 꼼꼼히 파악하고 이에 맞춰 본인의 강점을 드러내는 것이 중요하다"고 강조했다.

출처 : G밸리뉴스(http://www.gvalley.co.kr/news/articleView.html?idxno=608086, 2023. 02. 08 기사 발췌).

CHAPTER 10 4차 산업혁명과 직업

기술의 발전은 인류 문명의 진화를 대표하는 과정으로, 현재 인류는 인공지능, 로봇, 사물인터넷, 빅데이터 등 혁신기술 융합과 시공간 연결성이 강화된 4차 산업혁명 시대를 맞이하였으며, 최근 몇 년간 우리 사회의 이슈 중 하나도 4차 산업혁명이다.

4차 산업혁명은 2016년 세계경제포럼(World Economic Forum : WEF)에서 본격적으로 등장한 용어로, 인공지능(AI), 사물인터넷(IoT), 빅데이터, 모바일, 클라우드(Cloud) 등의 핵심 기술이 기존의 산업 또는 기술과 융합된 '생산의 지능화 혁명'이다. 4차 산업혁명 시대의 기술 진보는 이전의 산업혁명과는 달리 인공지능과 빅데이터가 결합되어 기술발전의 속도와 영향의 범위가 매우 넓다. 이로 인해 노동시장에 미치는 파괴력도 매우 크고, 일상생활 전반에도 많은 변화를 가져올 것으로 예상하고 있다(김동규 외, 2017).

1. 4차 산업혁명과 변화하는 직업세계

출처 : 김동규 외(2017), p.14-32 내용 재구성.

4차 산업혁명으로 사회는 빠른 속도로 변하고 있고 이에 따라 직업세계도 계속 변하고 있다. 가속화 되는 세계의 변화 속에서 우리는 미래 직업세계의 변화를 예측하고, 새로운 직업세계에서 개인이 갖추어야 할 능력을 점검해보자.

1) 일자리 규모의 변화

4차 산업혁명 시대의 기술 진보는 기존의 로봇과 기계화에 인공지능과 빅데이터 기술이 더해지면서, 새로운 시장 발굴을 통한 일자리 창출 이상으로 기존 인간 노동력을 축소시킬 것이라는 우려를 낳고 있다. 물론 장기적으로 보면 공정혁신을 통해 생산성이 높아지면 시장이 확대되고, 신제품 개발을 통한 새로운 수요의 창출로 일자리가 늘어날 것이라는 낙관론도 있다. 그러나 4차 산업혁명에 따른 비약적 생산성 향상으로 일자리 증가 효과보다는 감소 효과가 더 클 것이라는 예측이 우세하다.

2) 일자리의 변화

독일의 Industry 4.0과 주요 기술 변화를 예측한 보스턴 컨설팅그룹의 Industry 4.0보고서에 따르면, 2025년까지 독일에서 로봇과 컴퓨터 활용이 증가함에 따라 조립 및 생산 관련 일자리가 61만개 감소하는 반면 IT나 데이터 과학 분야에서 96만개 일자리가 창출될 것으로 예상하였다. 생산현장의 단순 반복 과업이 로봇과 컴퓨터로 대체되면서 생산직(조립, 포장 등)과 품질관리직, 설비보전직 등의 일자리가 감소할 것으로 전망된다. 반면에 소프트웨어 및 IT 활용도와 중요성의 증대, 생산 과정에서 로봇 도입 증가 등으로 사용자 인터페이스 설계자, 산업데이터 과학자, 로봇 코디네이터 등의 일자리가 증가할 것으로 전망하고 있다.

3) 직무 내용의 변화

기술 진보에 따른 직업세계 변화는 직종(occupations)의 변화보다는 직무(tasks)의 변화가 클 것으로 예상된다. 직업 자체가 소멸되기 위해서는 해당 직업이 수행하는 직무(tasks) 모두가 기술로 대체되어야 하지만, 이는 기술적 요인뿐만 아니라 사회·경제적 요인으로 쉽게 이루어지지 않기 때문이다. 예를 들어 교사의 업무 중 지식전달 업무는 온라인이나 인공지능으로 대체될 수 있으나 학생관리, 상담, 생활지도 등의 업무는 기술로 대체되기 어려울 뿐만 아니라, 자동화

나 디지털화로 대체될 수 있는 기술적 발전이 이루어졌다고 하더라도 노동비용에 비해 기계 도입이나 운영비용이 높으면 기술대체는 이루어지지 않을 것이기 때문이다.

4) 일하는 방식의 변화

인공지능과 사물인터넷, 빅데이터, 클라우드, 모바일 등의 기술발전으로 공간과 시간, 분야 간 탈경계화가 이루어지고 있다. 기계와 상품, 사람이 온라인과 데이터로 연결되고, 가상과 물리적 실제가 가상물리시스템(cyber physical system)으로 연결되는 '초연결 사회(hyper-connected society)'로 나아가고 있다. '탈경계화와 초연결 사회'는 근로자의 일하는 방식을 변화시키고 있는데, 디지털 기술의 발전으로 재택근무 등과 같은 온라인 근무(모바일 근무, 원격 근무 등)가 다양한 직종에서 증가하고 있으며, 근로시간 및 근로공간의 구분이 모호해지고 있다. 이에 따라 근무시간이 아닌 성과물로 평가받는 시스템이 확산되고 있다.

5) 신산업의 등장

4차 산업혁명 시대에 새로운 산업과 직업이 등장할 분야로는 플랫폼 기반 서비스 분야, 공유경제 분야, 기술융합 분야 등이다. 특히 플랫폼 경제와 플랫폼 기업이 득세할 것으로 예측되는데, 대표적인 플랫폼 기업으로는 우버, 에어비앤비, 아마존 등이 있다. 우버와 에어비앤비는 플랫폼 기업이면서 공유경제의 대표적 기업들이다. 이들 기업은 기존 숙박업이나 운송업에 플랫폼 기술과 모바일 기술을 접목하였고 해당 산업생태계에서 독점적 지위를 차지하고 있다. 또한 금융분야에서는 금융기술과 IT기술을 접목하여 카카오뱅크, K-뱅크 등 핀테크 기업들이 등장하여 기존 금융생태계를 위협하고 있다.

6) 융합형 직업의 증가

직업의 세분화 및 전문화와 함께 분야별 경계가 허물어지면서 새로운 융합형 직업이 확산될 것이다. 융합형 직업은 작게는 사람들 간의 소질과 관심의 결합에서부터 크게는 기술과 지식 간 그리고 과학기술과 타 영역간의 연결과정에서 발생할 수 있다. 또한 새로운 직업을 스스로 만드는 원동력이 되기도 한다(황매향, 2022). 예를 들어 테크니컬 라이터(technical write)는 사용자가 제품을 쉽게 사용할 수 있게 돕거나 위험한 상황에 미리 대비할 수 있게 알려주거나 문제가 생겼을 때 해결하는 방법을 알려주는 문서를 쓰는 사람으로, 일반적인 글을 쓰는 기존의 작가와는 달리 어떤 제품에 들어있는 매뉴얼과 같은 글을 쓰는 융합형 직업이다.

7) 고용형태의 변화

5G나 모바일 등 ICT의 발전으로 온라인 플랫폼에 기반을 둔 서비스나 기업이 증가하고 관련 노동자도 증가할 것이다. 예를 들어 고객이 배달의 민족 등의 배달주문 앱을 통해 음식점에 음식을 주문하면, 이 주문내역은 배달 위탁예약을 한 배달대행 업체에 소속된 배달기사에게 자동으로 연락되어 고객에게 음식을 배달하게 되고, 배달기사는 배달 건수에 따라 인건비를 수령한다. 또 O2O(online to office)와 인터넷에서 개인과 개인 간의 거래인 P2P(peer to peer)의 확산은 수요자와 공급자를 직접 연결하여 개인이 공급자로서 시장에 참여하는 것을 용이하게 하고 있다. 재능판매 플랫폼인 '크몽'이나 '숨고'가 그 대표적인 예이다. 이들 플랫폼 근로자는 고용주가 없는 근로자인 동시에 1인 사업자이며, 한 근로자가 여러 고용주와 계약한 뒤 일을 하기도 한다.

2. 4차 산업혁명 시대의 유망직업과 위기직업

4차 산업혁명으로 직업세계는 매우 빠르게 변하고 있고, 이로 인해 새로운 직업이 생겨나거나 기존의 직업이 없어지기도 한다. 여기에서는 4차 산업혁명으로 인한 유망직업과 위기직업을 알아보자.

1) 4차 산업혁명 시대의 유망직업

연번	직업명	이유	관련기술
1	사물인터넷 전문가	사물과 사물이 대화를 나누기 위하여 센싱할 수 있는 기기를 통해 자료를 수집하고 이를 데이터베이스에 저장하고, 저장된 정보를 불러내어 서로 통신할 수 있게 하는 사물인터넷 전문가의 수요가 더욱 증가할 것임	무선통신 프로그램 개발
2	인공지능전문가	인간의 인지 · 학습 · 감성 방식을 모방하는 컴퓨터 구현의 프로그램과 알고리즘을 개발하는 사람의 수요가 많음	인공지능 딥러닝
3	빅데이터전문가	비정형 및 정형 데이터 분석을 통한 패턴 확인 및 미래 예측에 빅데이터 전문가를 금융 · 의료 · 공공 · 제조 등에서 많이 요구함. 인공지능이 구현되기 위해서도 빅데이터 분석은 필수적임	빅데이터
4	가상(증강 · 혼합) 현실전문가	가상(증강)현실은 게임 · 교육 · 마케팅 등에서 널리 사용하고 있으며 가상현실 콘텐츠 기획, 개발 · 운영 등에서 많은 일자리 생성이 기대됨	가상(증강)현실
5	3D프린팅전문가	3D프린터의 속도와 재료 문제가 해결되면 제조업의 혁신을 유도할 것으로 기대됨. 다양한 영역(의료 · 제조 · 공학 · 건축 · 스타트업 등)에서 3D프린팅을 위한 모델링 수요 증가가 기대됨	3D프린팅
6	드론전문가	드론의 적용 분야(농약살포, 재난구조, 산불감시, 드라마 · 영화 촬영, 기상관측, 항공촬영, 건축물 안전진단, 생활스포츠 기록 등)가 다양해지고 있음	드론
7	생명공학자	생명공학이 IT와 NT가 융합되어 새로운 기술이 탄생하고 있음. 생명정보학, 유전자가위 등을 활용하여 질병치료 및 인간의 건강 증진을 위한 신약 · 의료기술이 개발되고 있음	생명공학, IT
8	정보보호전문가	사물인터넷과 모바일, 클라우드 시스템의 확산으로 정보보호 중요성과 역할이 더욱 중요해짐	보안
9	응용소프트웨어 개발자	온라인과 오프라인 연계, 다양한 산업과 ICT의 융합, 공유경제 등의 새로운 사업 분야에서 소프트웨어의 개발 필요성이 더욱 증가함	ICT
10	로봇공학자	스마트공장의 확대를 위해 산업용 로봇이 더 필요하며 인공지능을 적용한 로봇이 교육 · 판매 · 엔터테인먼트 · 개인 서비스에 더 많이 이용될 것임	기계공학 재료공학 컴퓨터공학 인공지능

출처 : 김동규 외(2017).

2) 4차 산업혁명 시대의 위기직업 8선

연번	직업명	이유	관련기술
1	콜센터 요원 (고객상담원 및 안내원)	고객의 문의가 정형화되어 있어 질문에 대한 답변이 동일하게 반복되는 경우 인공지능에 의해 콜센터 요원이 수행하는 업무는 대체하기 용이할 수 있음. 현재 통신회사에서는 콜센터 운영을 사람에서 챗봇(인공지능의 일종)으로 바꾸고 사람들을 줄이고 있음	인공지능, 빅데이터분석
2	생산 및 제조관련 단순종사원	스마트공장이 확산되면서 제품을 조립하고 물건을 나르며 불량품을 검사하는 일이 산업용 로봇으로, 제품의 이미지를 보고 불량 여부를 진단하는 일이 인공지능으로 대체될 가능성이 높음. 국내 스마트 공장화가 진행되는 곳에서 생산 및 제조 관련 단순 종사원이 줄어들고 있음. 아디다스는 외국에 있던 공장을 독일 내로 이전하면서 스피드팩토리를 구축하여 동일한 양의 제품을 생산하는 인력을 600명에서 10명으로 줄였음	스마트공장
3	치과기공사	3D프린터 영향 때문에 과거 복잡했던 보철물 제작의 공정이 줄어들고 제작 시간이 감소하고 있음	3D프린팅
4	의료진단전문가	IBM의 Waton이 의사보다 CT이미지를 보고 폐암을 더 정확하게 진단할 수 있음. 수많은 이미지 데이터를 분석하고 판독하고 진단하는 일은 인공지능이 인간보다 더 빠르게 잘할 수 있는 일임. 스마트폰과 웨어러블 기기는 심박수뿐만 아니라 스트레스지수, 산소포화도 등 더 다양한 건강 관련 지수를 측정할 수 있음. 향후 혈당, 혈압, 콜레스테롤 수치 등을 간단히 측정하는 기기가 발명되면 의료진단 업무 수행자의 업무가 변화될 수 있음	의료기기헬스, 인공지능
5	금융사무원	금융원에서 비교적 단순한 업무를 하거나 혹은 데이터에 근거해서 의사결정을 하는 업무가 위기에 빠질 수 있음. 은행직원이 없는 인터넷전문은행, 핀테크, 소액결제 및 이체 시스템이 모바일을 통해 급속히 확산되고 있음. 공인인증서가 없거나 상대방의 계좌번호를 몰라도 예금 이체 등이 자유로워지면서 금융사무원의 입지가 더욱 좁아지고 있음.	핀테크, 빅데이터, 인공지능

6	번역가 (통역가)	과거 번역프로그램의 번역 결과는 실망스러웠으나 현재는 수학적 모델을 적용한 번역이 상당한 수준에 이르렀음. 스마트폰으로 음성을 인식하여 통역하는 서비스 수준도 더 향상될 것이므로 번역 및 통역사의 수요가 감소할 것임	인공지능, 음성인식
7	창고작업원	아마존의 키바 로봇이나 자동차베이어시스템 등 무인자동운반시스템 도입으로 근로자는 업무 부담과 안전사고로부터 벗어날 수 있지만, 한편으로는 일자리 감소를 피하기 어려울 것임. 또한 독일 BECHTLE 등에서 사용되고 있는 증가현실 스마트글라스 등이 창고관리 업무에 도입됨에 따라 물류 오류를 줄이는 동시에 생산성 향상으로 창고작업원의 인력도 감소할 것으로 예상됨	사물인터넷, 센서기술, 증강현실기술
8	계산원	디지털기술이 산업현장뿐만 아니라 사회 곳곳으로 확산되고 있음. 셀프주유소가 도입된 지 오래며, 메뉴 주문 터치스크린(키오스크)이 패스트푸드점이나 프랜차이즈 식당, 커피전문점 등을 중심으로 빠르게 확산되고 있음. 또 대기업 마트나 편의점에서는 무인화를 위한 기술개발에 적극 나서고 있는 실정임	디지털화, 핀테크

출처 : 김동규 외(2017).

3. 신직업과 미래직업 탐색

한국고용정보원은 2013년부터 550여 개의 신직업을 발굴하였으며, 그간 발굴한 신직업 중 '인공지능전문가', '빅데이터전문가', '미디어콘텐츠창작자', '3D프린팅운영전문가', '사물인터넷전문가, '증강현실전문가', '자동차튜닝엔지니어', '생활코치', '주변환경전문가', '주거복지사'가 상대적으로 활성화되고 향후에도 지속성장가능성이 있는 활성화 Top 10 신직업으로 발표하였다. 이외에도 한국고용정보원에서 운영하는 워크넷(http://www.work.go.kr)에서는 '해양치유지도사', '콘텐츠가치평가사', '디지털장의사', '산림레포츠지도사' 등 90여개의 신직업을 소개하고 있다.

워크넷 웹 사이트를 방문하여 신직업 및 미래직업을 탐색해보자.

신직업명 : ______________________

조사 항목	내용
수행 직무	
국내외 현황	
필요 역량 및 교육	
향후 전망	

CHAPTER 11 진로설계

진로를 설계하기 위해서는 우선 개인이 선택 가능한 여러 가지 진로 중에서 자신의 특성을 고려하여 최선의 진로를 선택하고, 이를 이루기 위한 목표를 설정하여 구체적인 행동 계획을 세워야 한다. 이를 위해 앞서 제2장에서는 자신에 대해서 이해하고 제9장과 제10장에서 다양한 직업을 탐색해 보았다. 따라서 이 장에서는 앞서 살펴본 내용을 기반으로 진로를 결정하고 이를 이루기 위해 구체적인 목표를 세워볼 것이다.

먼저, 진로의사결정에 앞서 합리적인 의사결정이란 무엇이며 자신은 어떤 의사결정 유형을 가지고 있는지 살펴보자.

1. 합리적인 의사결정

의사결정이란 목적을 달성하기 위한 선택의 과정으로 여러 가지 대안 중 최선의 방안을 선택하는 과정이다. 사소한 일에서부터 중요한 일에 이르기까지 인간의 거의 모든 행동에서는 의사결정이 선행된다. 무엇을 입을지, 무엇을 먹을지, 누구와 친하게 지낼 것인지, 팀 프로젝트는 누구와 할 것인지, 어떤 주제로 할 것인지 등 모든 일에는 의사결정이 필요하다. 따라서 합리적으로 결정하여 최선의 방안을 선택하는 것이 중요하다. 합리적인 의사결정이란 일정한 목표를 설정하고 그 목표를 달성하기 위한 몇 가지 대안을 작성하여 가장 합리적이고 실행 가능한 방안을 선택하는 행동이라고 할 수 있다.

나의 의사결정 유형은 무엇인지 아래 체크리스트 활용해 알아보자.

문항	그렇다	아니다
1. 나는 중요한 의사결정을 할 때 한 단계씩 체계적으로 한다.		
2. 나는 내 자신의 욕구에 따라 매우 독특하게 의사결정을 한다.		
3. 나는 얻을 수 있는 모든 정보를 수집하지 않고서는 중요한 의사결정을 하지 않는다.		
4. 의사결정을 할 때 친구들이 나의 결정을 어떻게 생각할 것인가를 매우 중요시한다.		
5. 나는 의사결정을 할 때, 의사결정과 관련된 결과까지 고려한다.		
6. 나는 다른 사람의 도움 없이는 중요한 의사결정을 하기가 힘들다.		
7. 나는 어려운 문제에 부딪히면 재빨리 결정을 내린다.		
8. 나는 의사결정을 할 때 나의 즉각적인 느낌이나 감정에 따른다.		
9. 나는 내가 하고 싶은 것보다 다른 사람이 어떻게 생각하느냐에 영향을 받아 의사결정을 한다.		
10. 어떤 의사결정을 할 때 나는 시간을 가지고 주의 깊게 생각해본다.		
11. 나는 문제의 본질에 대해 순간 떠오르는 생각에 의해 결정한다.		
12. 나는 친한 친구에게 먼저 이야기하지 않고서는 의사결정을 거의 하지 않는다.		
13. 나는 중대한 의사결정 문제가 있을 때, 그것을 계획하고 생각할 시간을 충분히 갖는다.		
14. 나는 의사결정을 못한 채 뒤로 미루는 경우가 많다.		
15. 의사결정을 하기 전에 올바른 사실을 알고 있으나 확인하기 위해 관련된 정보를 다시 살핀다.		
16. 나는 의사결정에 관해 실제로 생각하지는 않지만 갑자기 생각이 떠오르면서 무엇을 해야 할지 알게 된다.		
17. 어떤 중요한 일을 하기 전에 나는 신중하게 계획을 세운다.		

18. 의사결정을 할 때 나는 다른 사람들의 많은 격려와 지지를 필요로 한다.		
19. 나는 의사결정을 할 때 마음이 가장 끌리는 쪽으로 결정한다.		
20. 나는 인기를 떨어뜨릴 만한 의사결정은 별로 하고 싶지 않다.		
21. 나는 의사결정을 할 때, 예감 또는 육감을 중요시 한다.		
22. 나는 조급하게 결정을 내리지 않는데, 그 이유는 올바른 의사결정을 확신하고 싶기 때문이다.		
23. 어떤 의사결정이 감정적으로 나에게 만족스러우면 나는 그 결정을 올바른 것으로 본다.		
24. 올바른 의사결정을 내리는 데에 자신이 없기 때문에 주로 나는 다른 사람의 의견을 따른다.		
25. 종종 내가 내린 각각의 의사결정은 일정한 목표를 향한 진보의 단계로 본다.		
26. 내가 내리는 의사결정을 친구들이 지지해 주지 않으면 그 결정에 대해 확신을 갖지 못한다.		
27. 의사결정을 하기 전에, 나는 그 결정을 함으로써 생기는 결과에 대해 가능한 많이 알고 싶다.		
28. 나는 "이것이다"라는 느낌에 의해 결정을 내릴 때가 종종 있다.		
29. 대개의 경우, 나는 주위 사람들이 바라는 방향으로 의사결정을 한다.		
30. 여러 가지 정보를 수집하거나 검토하는 과정을 갖기보다 떠오르는 생각대로 결정을 내리는 경우가 자주 있다.		

'그렇다'에 응답한 것을 1점으로 계산하여 자신의 의사결정유형을 찾아보자. 그리고 해석 지침에 따라 자신의 의사결정유형을 분석해 보자.

유형	문항번호	합계
합리적 유형	1, 3, 5, 10, 13, 15, 17, 22, 25, 27	
직관적 유형	2, 7, 8, 11, 16, 19, 21, 23, 28, 30	
의존적 유형	4, 6, 9, 12, 14, 18, 20, 24, 26, 29	

① 합리적 유형

의사결정을 할 때 자신과 상황에 대해 현실적으로 평가하는 유형이다. 정확하고 다양한 정보를 수집하고, 이를 바탕으로 신중하고 논리적으로 의사결정을 하며, 그 결정에 책임을 진다.

② 직관적 유형

의사결정을 할 때 여러 상황을 객관적으로 분석하지 않고 즉흥적이거나 감정적으로 평가하는 유형이다. 합리적 유형과 마찬가지로 자신의 결정에 책임을 진다.

③ 의존적 유형

스스로 결정을 내리지 않고 다른 사람들의 기대와 요구에 의해 결정을 내리는 유형으로, 의사결정 과정에서 타인의 영향을 많이 받으며 수동적이고 순종적이다. 자신이 내린 결정에 대해 책임지지 않으려고 한다.

유형	장점	단점
합리적 유형	• 매우 신중하고 합리적이다. • 잘못되거나 실패할 확률이 낮다. • 자신의 결정에 책임을 진다. • 심리적 독립과 성장에 도움이 된다.	• 의사결정에 시간이 많이 든다. • 지나치게 신중을 기하는 경우에는 기회를 놓칠 수 있다. • 돌발 상황에서는 적용할 수가 없다.
직관적 유형	• 빠르게 의사결정을 할 수 있다. • 스스로의 선택에 책임을 진다. • 돌발 상황에 대처하는데 유리하다.	• 잘못되거나 실패할 확률이 높다. • 일관성을 요구하거나 장기적인 일에는 적합하지 않다.
의존적 유형	• 사소한 일을 결정할 때 적합하다. • 잘 모르는 문제를 결정할 때 적합하다. • 주변의 저항을 덜 받는다.	• 실패했을 때 남의 탓을 하기 쉽다. • 자신의 인생에 중요한 영향을 미치는 일에는 부적합하다. • 남의 눈치를 보기 때문에 소신 있게 일을 처리하지 못한다.

출처 : 조명실(2018).

나의 의사결정 방식은 무엇이며, 장점과 단점은 무엇인가?

나의 의사결정 방식에서 개선해야 할 점은 무엇인가?

2. 진로의사결정

진로의사결정이란 여러 가지 의사결정 중에서 직업적 행위와 관련한 의사결정으로 고교 졸업생의 대학 및 학과 선택, 대학에서의 다전공 이수 여부와 전공 변경(전과), 직업의 선택, 교육체계로의 재입문, 직업의 변경 등이 있다. 진로를 결정하는 것은 인생에서 가장 중요한 문제 중 하나이며, 자신이 정한 목표에 제대로 도달하지 않으면 인생에서 많은 시행착오를 겪을 수 있다. 따라서 진로를 선택할 때 자신이 정한 목표에 도달할 수 있도록 신중하고 합리적인 진로의사결정을 해야 한다.

1) 진로의사결정 단계

문제 인식	이 단계는 진로 선택과 관련된 문제를 인식하는 단계이다. 문제의 인식은 객관적이고 명확해야 한다.
↓	
정보 탐색	이 단계에서는 앞서 인식한 진로 문제와 관련된 구체적인 정보를 탐색한다. 자신에 대한 종합적인 요인, 환경 요인, 직업 요인 등에 대한 자료를 기반으로 진로 문제 해결 방안을 탐색해야 한다.
↓	
대안 설정	이 단계에서는 위에서 탐색한 해결 방안을 문제의 조건들을 충분히 고려하여 진로문제 해결을 위한 구체적인 대안을 찾아본다.
↓	
대안 평가	진로와 관련된 문제를 해결하기 위한 대안들이 바람직한지, 실현 가능한지, 위험 정도는 어느 정도인지 따져보고 결과를 예측해 본다.
↓	
의사 결정	진로 문제 해결을 위한 대안에 대해 평가한 결과를 바탕으로 가장 바람직한 대안을 선택한다. 아 단계에서 의사 결정이 만족스럽지 못하다면 다시 처음 단계부터 살펴보아야 한다.

현재 나의 진로 문제를 합리적인 진로의사결정 단계에 따라 풀어보자. 취업을 하든, 창업을 하든, 대학원을 진학 하든 어떤 것이든 좋다. 지금 고민하고 있는 진로문제가 없다면 몇 년 후를 예상하면서 자신의 진로를 결정해보자.

단계	
문제 인식	
↓	
정보 탐색	
↓	
대안 설정	
↓	
대안 평가	
↓	
의사 결정	

2) 진로의사결정 경험 나누기

진로의사결정에서 경험한 것을 적어보자. 만약 진로를 결정해야 하는 그 당시로 돌아간다면 나는 어떤 결정을 할지 생각해보자.

지금까지 진로나 직업과 관련해 내가 내린 결정 중 잘 한 것은?	
지금까지 진로나 직업과 관련해 내가 내린 결정 중 후회나 아쉬움이 남는 것은?	

앞으로 내가 결정해야 할 진로나 직업 관련한 의사결정에는 어떤 것이 있을지 기간을 정하여 구체적으로 생각해보자.

1년 후	
4년 후	

10년 후	
20년 후	
30년 후	

3. 진로목표 설정

진로를 계획할 때 중요한 것은 명확한 목표를 설정하고 그 목표에 다가가는 과정을 구체적으로 계획하는 일이다. 목표의 설정과 구체적인 계획의 수립은 자신이 이루고자 하는 꿈에 안전하게 도달하게 해주는 필수 조건이다. 따라서 목표의 설정은 무엇보다 중요하다.

또한 목표는 무엇을 해야 할지 행동의 방향을 결정해 주기 때문에 자신의 행동이나 동기에도 영향을 미친다. 목표는 당장 눈에 보이지 않아도 장기간 동안 자신의 행동을 조직하고 유지하는데 도움을 주기 때문에 목표를 구체적으로 설정한다는 것은 자신의 진로설계를 위한 실행의 지침이 되는 것이다.

1) SMART 목표 설정

① 구체적인 목표(Specific)

목표는 구체적이어야 한다. 목표를 구체적으로 생각하는 과정 자체가 그 목표를 이루기 위한 방법도 함께 만들어지기 때문이다. 세부단계별로 구분해서 구체적인 목표를 설정하고 실행에 옮겨야 한다. 예) 운동하기(X) → 건강을 위해 매일 팔굽혀 펴기 30회 하기(O)

② 측정 가능한 목표(Measurable)

측정할 수 없는 목표는 구체적이지 않고 막연하여 그저 생각으로만 갖고 있는 추상적인 목표가 되기 쉽다. 따라서 목표는 달성 여부나 진척 정도를 객관적으로 측정할 수 있도록 수치화해야 한다. 예) 영어 회화 실력 올리기(X) → 영어회화 시험에서 20점 올리기(O)

③ 달성 가능한 목표(Achievable)

목표는 너무 높아서 도달할 수 없는 목표이거나 너무 쉽게 도달할 수 있는 목표이어서는 안 된다. 가장 적절한 목표는 나의 능력을 한 단계 개발하고 노력을 통해 도달할 수 있는 현실적 수준의 목표이다. 예) 한 달 안에 책 30권 읽기(X) → 하루에 최소 3장 이상 읽기(O)

④ 관련 있는 목표(Relevant)

목표는 자신과 관련되어야 하고 달성할 가치가 있어야 하며, 목표를 달성하기 위해 수립되는 계획과 활동은 달성할 결과와 관련되어야 한다. 예) 목표가 전공 학점 향상이라면 소설책 읽기(X) → 전공 관련 서적 읽기(O)

⑤ 기한이 있는 목표(Time-bound)

목표에 도달하는 기한을 설정하여 무기한으로 미루는 일을 방지해야 한다. 기한 내에 목표에 도달하기 위한 계획을 세우고 우선순위를 정하면 실천할 수 있는

추진력이 높아진다. 예) 운전면허 따기(X) → 3월 안에 운전면허 시험에 응시하여 운전면허 따기(O)

2) 나의 진로목표 설정하기

자신의 진로 목표를 설정하고 SMART 목표설정 방법에 따라 구체적인 계획을 세워보자.

목표설정 지침	목표
S(구체적인)	
M(측정 가능한)	
A(달성 가능한)	
R(관련 있는)	
T(기한이 정해진)	

CHAPTER

12 진로장벽

1. 진로장벽의 이해

1) 진로장벽의 정의

진로장벽(career barriers)이란 진학, 취업, 직업전환, 승진 등의 일반적인 진로와 관련된 과정에서 개인의 진로선택, 목표, 포부, 동기 등에 영향을 미치거나 역할 행동을 방해할 것으로 지각되는 여러 부정적인 사건을 통칭하여 말한다.

진로장벽은 개인 내적으로 진로의사결정을 하지 못했거나, 신체적·지적 능력의 저하와 같은 핸디캡이 있거나, 사람이나 역량에 대한 갈등 같은 것이 원인이 될 수 있다. 개인 외적으로는 직장을 잃거나, 자신의 진로과정에서 든든한 버팀목이 되어 주었던 지지체계의 상실, 새로운 직업을 갖거나 이직을 하는 것과 같은 이동, 주위의 지나친 기대나 과중한 업무 요구, 직장 내에서 발생할 수 있는 차별 등이 모두 진로장벽에 해당된다.

2) 진로장벽의 종류

진로장벽에는 내적 요인과 외적 요인이 있다.

내적 요인으로는 자신감 부족, 학습 부진, 낮은 성취동기 및 욕구, 문제 회피, 직업에 대한 편견 등이 있고, 외적 요인으로는 주변의 기대, 부모와의 의견 차이,

경제적 여건, 신체적 요인, 사회적 편견 등이 있다. 이러한 진로장벽에 의해 구성원 간에 갈등이 발생하게 되는데, 이를 진로갈등이라고 한다. 진로장벽을 극복하고 갈등을 최소화하기 위해서는 자신의 진로장벽의 원인을 객관적으로 분석해야 한다.

다음의 사례를 읽고, 진로장벽의 요인이 무엇인지 적어 보자.

사례1

나는 어려서부터 연예인이 되는 것이 꿈이었습니다. 어려서는 사람들 앞에서 노래하고 춤추는 것을 좋아했습니다. 지금도 연예인이 된다고 생각하면 심장이 뛰는 것을 느낍니다. 유명한 연예인이 되어 돈도 많이 벌고, 사회에 기부도 많이 하는 훌륭한 사람이 되고 싶은데, 지금은 공부도 못하고 사람들 앞에 나서기엔 너무 자신감이 없고, 내가 뭘 할 수 있을까 싶습니다.

진로장벽의 요인은 무엇인가?

출처 : 오금향 외(2012).

사례2

나는 성적은 썩 좋지 않지만 기계에 대해 관심이 많고, 적성과 흥미에 맞는 직업도 엔지니어라고 나옵니다. 그래서 대학 진학을 하지 않고 기술을 배워 엔지니어가 되고 싶습니다. 그런데 제가 집안에 대를 이을 사람이라고 온 친척들이 저만 바라보고 있습니다. 대학 진학을 하지 않고 기술자가 된다고 하면 부모님과 친척 분들의 기대를 저버리는 것인데, 꼭 대학을 가야할까요?

진로장벽의 요인은 무엇인가?

출처 : 오금향 외(2012).

2. 진로장벽 요인 탐색

아래의 검사는 자신의 진로발달을 어렵게 하는 문제(장애)에 관한 내용이다. 자신의 진로발달을 어렵게 하는 요인은 무엇인가?

각 문항에 대해 '전혀 그렇지 않다'면 1점, '거의 그렇지 않다'면 2점, '대체로 그렇다'면 3점을, '매우 그렇다'면 4점으로 체크하고 채점방법에 따라 결과를 합산하여 자신의 진로탐색 장애 요인을 알아보자.

문항	질문	전혀	거의	대체로	매우
1	나는 우유부단해서 무엇인가를 결정하기가 어렵다.	1	2	3	4
2	나는 인간관계가 좁은 편이기 때문에 직장생활에서 어려움이 예상된다.	1	2	3	4
3	앞으로 나의 진로는 부모님의 반대나 간섭으로 영향을 많이 받을 것이다.	1	2	3	4
4	나는 직업에 대한 정보를 어디서 얻는지 잘 모르겠다.	1	2	3	4
5	앞으로 내가 선택한 직업에 종사할 때, 그 일이 점차 지루해질 것이다.	1	2	3	4
6	사회 경제적 환경의 변화 때문에 나의 취업은 영향을 많이 받는다.	1	2	3	4
7	내가 원하는 진로와 목표의 성취를 위해 필요한 경제적인 지원이 부족하다.	1	2	3	4
8	내가 하고 싶은 일을 하기에는 나의 신체적 조건이 나쁘다.	1	2	3	4
9	나는 나이 때문에 진로에 대한 결정을 빨리 내려야 한다.	1	2	3	4
10	나는 내가 원하는 직업에서 필요한 기술들을 습득하는데 부족하다.	1	2	3	4
11	나는 일하는데 필요한 주장성이 부족하다.	1	2	3	4
12	나는 직장생활에서 일과 관련된 어려움보다는 사람들과의 관계에 있어서 어려움이 더 클 것이다.	1	2	3	4
13	나는 부모님이나 이성친구가 나의 진로선택을 좋아하지 않을까봐 걱정된다.	1	2	3	4
14*	내가 선택할 수 있는 직업들에 대한 정보를 많이 알고 있다. (역채점)	1	2	3	4
15	앞으로 내가 선택한 직업에 종사할 때, 그 일에 흥미가 전전 없어질 것 같다.	1	2	3	4
16	나는 앞으로의 진로에 대해 막연한 불안함이 있다.	1	2	3	4
17	돈을 빨리, 많이 벌어서 가정 형편에 도움이 되어야 한다	1	2	3	4
18	나는 건강 때문에 직업 선택에 어려움을 겪을 것이다.	1	2	3	4
19	나는 나이 때문에 하고 싶은 일을 할 시기를 놓쳤다고 생각한다.	1	2	3	4

20	나는 좋지 않은 성적 때문에 취업하기 어려울 것이다.	1	2	3	4
21	나는 무엇인가를 결정 내리고 난 후 그 결정에 대해 후회하는 경우가 많다.	1	2	3	4
22*	나는 사람들과 잘 어울리기 때문에 직장생활이 쉬울 것이다. (역채점)	1	2	3	4
23	나에게 중요한 사람들이 내가 생각하고 있는 진로에 동의하지 않는다면, 진로를 결정하기 어려울 것이다.	1	2	3	4
24	나는 여러 가지 직업 분야에서 사람들이 실제로 어떤 일들을 하고 있는지에 대해서 잘 알지 못한다.	1	2	3	4
25	나는 흥미있는 일이나 선택하고 싶은 직업이 없다.	1	2	3	4
26	나는 앞으로 내가 원하는 진로를 갖지 못할까봐 불안하다.	1	2	3	4
27	내가 원하는 일을 할 수 없는 것은 돈이 없기 때문이다.	1	2	3	4
28	신체적인 열등감이 나의 직업 선택이나 계획에 영향을 준다.	1	2	3	4
29	나는 나이 때문에 진로에 있어서 남들에게 뒤쳐질까봐 걱정된다.	1	2	3	4
30	나는 취업이 잘 안될 것이다.	1	2	3	4
31	나는 일반적으로 어떠한 결정을 내리는 것이 어렵다.	1	2	3	4
32	나는 앞으로 직장생활을 할 때 동료들과 잘 지낼 수 있을지 걱정이 된다.	1	2	3	4
33	나는 부모님이나 집단의 기대 때문에 내가 하고 싶은 일을 하지 못할 것이다.	1	2	3	4
34	내가 잘 할 수 있는 직업분야가 무엇인지 아직 잘 모르겠다.	1	2	3	4
35	내가 지금 흥미를 갖고 있는 일은 시간이 흐르면 바뀔 것이다.	1	2	3	4
36	경기 불황으로 인해 일자리가 부족한 것이 나의 취업에 영향을 준다.	1	2	3	4
37	경제적 문제로 인해 내가 원하는 일을 할 수 없다.	1	2	3	4
38	나는 신체적인 열등감을 느끼고 있다.	1	2	3	4
39	나는 나이 때문에 진로를 계획하고 행동으로 옮기는데 있어 지장을 받을 것이다.	1	2	3	4

40	나는 어려운 일이 닥치면 피하고 싶다.	1	2	3	4
41	나는 무슨 일을 하려면 몹시 긴장하기 때문에 직장생활에 어려움이 예상된다.	1	2	3	4
42	부모님이 반대하시면, 내가 하고 싶은 일이라도 직업으로 결정하기는 어려울 것이다.	1	2	3	4
43	내가 하고자 하는 일이나 교육 등에 대한 자료를 얻기가 어렵다	1	2	3	4
44	시대 흐름의 변화가 나의 진로에 대한 선택과 계획에 혼란을 초래하고 있다.	1	2	3	4
45	나는 앞으로의 진로 선택에 있어서 경제적인 문제의 해결을 가장 중요하게 생각한다.	1	2	3	4

출처 : 김은영(2001).

검사를 마쳤다면 각 문항에 해당하는 점수를 적고 해당하는 요인의 점수를 합산한 후 각 요인별 점수를 비교해보자. 자신의 진로발달을 어렵게 하는 가장 큰 요인은 무엇인가?

<table>
<tr><th rowspan="2">요인</th><th colspan="7">문항</th><th rowspan="2">합계</th></tr>
<tr><th colspan="7">해당 점수</th></tr>
<tr><td rowspan="2">대인관계 어려움</td><td>1</td><td>2</td><td>3</td><td>4</td><td>5</td><td></td><td></td><td rowspan="2"></td></tr>
<tr><td></td><td></td><td></td><td></td><td></td><td></td><td></td></tr>
<tr><td rowspan="2">자기명확성 부족</td><td>6</td><td>7</td><td>8</td><td>9</td><td>10</td><td>11</td><td>12</td><td rowspan="2"></td></tr>
<tr><td></td><td></td><td></td><td></td><td></td><td></td><td></td></tr>
<tr><td rowspan="2">경제적 어려움</td><td>13</td><td>14</td><td>15</td><td>16</td><td>17</td><td></td><td></td><td rowspan="2"></td></tr>
<tr><td></td><td></td><td></td><td></td><td></td><td></td><td></td></tr>
<tr><td rowspan="2">중요한 타인과의 갈등</td><td>18</td><td>19</td><td>20</td><td>21</td><td>22</td><td></td><td></td><td rowspan="2"></td></tr>
<tr><td></td><td></td><td></td><td></td><td></td><td></td><td></td></tr>
<tr><td rowspan="2">직업정보 부족</td><td>23</td><td>24</td><td>25</td><td>26</td><td>27</td><td></td><td></td><td rowspan="2"></td></tr>
<tr><td></td><td></td><td></td><td></td><td></td><td></td><td></td></tr>
</table>

나이문제	28	29	30	31			
신체적 열등감	32	33	34	35			
흥미부족	36	37	38	39			
미래불안	40	41	42	43	44	45	

① 대인관계의 어려움은 직장생활에서 원만한 대인관계를 위해 요구되는 사교성, 적극성 등의 성격적 특성의 부족과 대인관계 기술 등이 부족하다고 지각하는 것이다.

② 자기 명확성 부족은 자기 자신과 자신의 능력에 대해 자신감이 부족한 것과 만성적인 미결정과 빈약한 의사결정 기술 등으로 우유부단하고 결단성이 부족한 것을 말한다.

③ 경제적 어려움 요인은 경제적인 어려움으로 자신의 진로 계획 등을 수행하는데 있어서 장애를 지각하는 것을 말한다.

④ 중요 타인과의 갈등은 부모나 장래 배우자 혹은 이성친구가 나의 진로를 인정하지 않거나 반대, 간섭하기 때문에 겪는 어려움 또는 기대가 너무 커서 겪는 어려움을 의미한다.

⑤ 직업정보 부족은 진로결정과정에 대한 지식 부족, 자신에 대한 정보부족, 직업에 대한 정보 부족, 추가적인 정보를 얻는 방법에 대한 정보의 부족을 의미한다.

⑥ 나이문제 요인은 진로에 있어서 나이가 많거나 적기 때문에 겪는 어려움이다.

⑦ 신체적 열등감 요인은 건강이 나쁘거나 체력의 열세, 피로, 신체적 열등감 때문에 진로를 선택하거나 수행해 나가는데 어려움이 있다고 지각하는 것

이다.

⑧ 흥미 부족은 자신이 어떤 일에 흥미와 관심이 있는지에 대해 잘 모르거나 일에 대한 흥미가 없는 것이다.

⑨ 미래 불안은 나 자신이나 진로에 대한 걱정과 불안이 높은 것을 말한다.

자신이 원하는 진로목표를 달성하는 과정에서 현재 부딪히고 있거나 예상되는 자신의 진로장벽을 적어보자.

앞에서 작성한 진로장벽을 어떻게 해결할 수 있을지 구체적 방안을 적어보자. 혼자 해결이 어렵다면 팀원과 함께 토의해 보는 것도 좋을 것이다.

CHAPTER

13 스마트한 대학생활 포트폴리오

나의 진로계획을 한 눈에 확인하기 위해 앞서 다루었던 자신에 관한 모든 활동을 바탕으로 진로로드맵을 그려보자.

1. 나의 진로로드맵

- 진로로드맵 예시

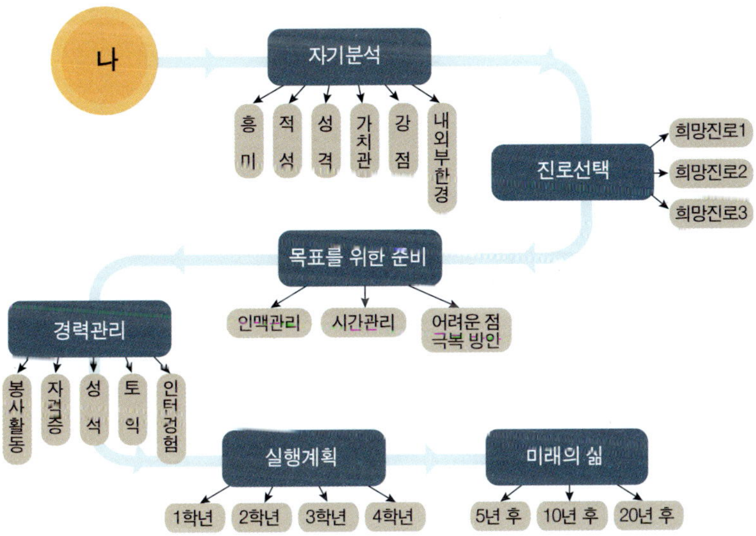

출처 : 정선영(2014), 그림 재구성.

● 진로로드맵 예시를 참고하여 나의 진로로드맵을 그려보자.

2. 미래설계를 위한 목표

나의 진로로드맵을 바탕으로 미래의 삶을 위해 구체적인 목표를 세워보자.

구분		목표
학년	1학년	
	2학년	
	3학년	
	4학년	
대학 졸업 후		
30대		
40대		
50대		
60대 이후		

3. 나의 진로 비전 선언문

나의 비전

나의 비전은 ________________까지 ________________을 이루는 것이다.

이 비전을 완수하기 위해 나는 다음과 같은 계획을 실천할 것이다.

첫째, ____________________까지 ____________________을 할 것이다.

둘째, ____________________까지 ____________________을 할 것이다.

셋째, ____________________까지 ____________________을 할 것이다.

넷째, ____________________까지 ____________________을 할 것이다.

다섯째, ____________________까지 ____________________을 할 것이다.

20 년 월 일

작성자

참고문헌

계명대학교 교수학습개발센터(2022). 코넬노트 워크북.

고영성(2016). 어떻게 읽을 것인가. 서울 : 스마트북스.

김동규, 김중진, 김한준, 최영순, 최재현(2017). 4차 산업혁명 미래 일자리 전망. 한국고용정보원.

김은영(2001). 한국 대학생 진로탐색장애검사(KCBI)의 개발 및 타당화 연구. 이화여자대학교 대학원 박사학위논문.

김혜은, 김수정(2008). 대학생을 위한 자기주도학습 기술. 서울 : 학지사.

김홍자(2016). 성공적인 대학생활을 위한 학습전략. 서울 : 화수목.

박가열, 김은석, 박성원, 이영민(2018). 4차 산업혁명 시대의 미래직업능력 연구. 한국고용정보원.

박가열, 박성원, 이영민, 이은수(2019). 4차 산업혁명 시대의 미래직업능력 연구(II). 한국고용정보원.

박세정(2022). 대학생의 학습동기, 인지전략, 조절전략, 협력전략 및 문제해결력 간의 구조적 관계. 목포대학교 대학원 박사학위논문.

배은영(2003). 직업기초능력 향상을 위한 상업계 고등학교 전무교과 구성방안. 직업능력개발연구, 6(1), 27-53.

서미옥(2018). 교육심리학의 이해와 적용. 서울 : 공동체.

손연아, 이석열, 이은화, 이의원, 장상필, 전명남, 조용개(2007). 학습전략 포트폴리오. 서울 : 학지사.

양창삼(2005). 인간관계의 이해. 서울 : 창지사.

오금향, 권순이, 지은희, 신지은, 최은경, 이주형(2012). 진로와 직업. 서울 : (주)이오북스.

윤혜경(2012). MBTI 선호경향과 학습유형 및 학습전략의 관계. 국민대학교 대학원 박사학위논문.

이제창, 김용자(1998). 인간관계론. 서울 : 문음사.

이종호, 유현상, 박은미, 한길석(2016). 철학의 이해. 서울 : 한국방송대학교 출판부.

임수연, 고은영, HeeSoon Lee(2022). 후기 청소년들이 지각하는 일과 직업에 관한 주관성 연구. 진로교육연구, 35(2), 149-174.

정선영(2014). 대학생을 위한 진로탐색과 경력개발. 서울 : 공동체.

조명실(2018). 재미있는 진로선택 내 인생의 내비게이션. 대구 : 계명대학교 출판부.

조설희(2021). 신인재의 진로 찾기. 서울 : 학지사.

조용개, 손연아, 이석열, 이은화, 이희원, 장상필(2010). 학습전략 포트폴리오. 서울 : 학지사.

조용개, 이은화(2013). 러닝 포트폴리오의 이해와 실제. 서울 : 학지사.

최화숙(2018). 대학생활설계. 서울 : 동문사.

황매향, 김연진, 이승구, 전방연(2022). 진로탐색과 생애설계(3판). 서울 : 학지사.

FPSPI(2015). Problem Solving process pointers for students. Future problem solving program international, Inc.

저자소개

송희원

계명대학교 교육학 석사

계명대학교 교육학 박사(교육심리 및 공학 전공)

현) 김천대학교 기초교양학부 교수

김천대학교 교양교육개발센터 센터장

정미선

경북대학교 교육학 석사

경북대학교 교육학 박사(교육심리 전공)

현) 김천대학교 기초교양학부 교수

김천대학교 교육과정센터 센터장

스마트한 대학생활

초 판 1쇄 발행 2023년 3월 6일
초 판 2쇄 발행 2025년 2월 5일

지 은 이 | 송희원 · 정미선
펴 낸 이 | 김기섭
책임편집 | 이현남
펴 낸 곳 | 창지사 www.changjisa.com
08589 서울시 금천구 가산디지털 1로 83 파트너스타워1차 9층
전화 (02) 719-2211~3
팩스 (02) 701-9386
등 록 | 1977년 4월 28일 · 제1-421호

ISBN 978-89-426-1812-5 (93370)

값 12,000원